Fala comigo, Jesus

MEDITAÇÕES DIÁRIAS DO CORAÇÃO DE DEUS

Marie Chapian

1ª edição

Santo André, SP
2018

Título original
Talk to Me, Jesus: Daily Meditations from the Heart of God
© 2015 Marie Chapian

Editor responsável
Marcos Simas

Supervisão editorial
Maria Fernanda Vigon

Tradução
José Fernando Cristófalo

Preparação de texto
Carlos Fernandes

Diagramação /Adaptação à edição brasileira
PSimas

Capa/Adaptação à edição brasileira
Wellington Carvalho

Revisão
João Rodrigues Ferreira
Carlos Buczynski
Nataniel dos Santos Gomes
Patricia Abbud Bussamra

Todos os direitos desta obra pertencem à Geográfica Editora © 2018. Qualquer comentário
ou dúvida sobre este produto escreva para: produtos@geografica.com.br

Todas as citações bíblicas foram extraídas da NVI, Nova Versão Internacional, da
Sociedade Bíblica Internacional. Copyright © 2001, salvo indicação em contrário.

Esta obra foi impressa no Brasil com a qualidade de impressão e acabamento da Geográfica
Serviços Gráficos

C463f	Chapian, Marie
	Fala comigo, Jesus: meditações diárias do coração de Deus / Marie Chapian. Traduzido por José Fernando Cristófalo. - Santo André: Geográfica, 2018.
	384p. ; 15,5x20,5cm. ISBN 978-85-8064-229-2 Título original: Talk to me, Jesus: daily meditations from the heart of God.
	1. Livro de meditações. 2. Escritos contemplativos. 3. Jesus Cristo. I. Título. II. Cristófalo, José Fernando.
	CDU 242

Catalogação na publicação: Leandro Augusto dos Santos Lima - CRB 10/1273

De manhã ouves, SENHOR,
o meu clamor; de manhã te
apresento a minha oração
e aguardo com esperança.

SALMOS 5.3

INTRODUÇÃO

O livro que você tem em mãos contém um ano de cartas de amor de Jesus para você. Oro para que, enquanto absorve cada uma das meditações diárias escritas aqui, você veja o quanto o Senhor gosta de falar com você. Ele é apaixonado por você e quer que saiba que ele tem uma atenção especial por sua vida! Ele começou a falar comigo profeticamente há mais de 25 anos, e eu continuo a ouvi-lo e a me atrair apaixonadamente para seus braços eternos, cheios de compreensão e amor.

Todos os dias, quando você abrir seu coração para o Senhor, haverá uma palavra pessoal especial dele esperando por você. Os versículos das Escrituras que seguem cada meditação são para ajudá-la a aprofundar a mensagem diária. Não deixe de fazer as leituras sugeridas.

Eu oro para que você permita que as palavras dele,
neste pequeno livro, permeiem sua vida todos os dias
durante todo o ano e nos próximos anos.

Carinhosa e humildemente,

Marie Chapian

JANEIRO

No princípio era aquele que é a Palavra. Ele estava com Deus, e era Deus.

João 1.1

1 de janeiro

Eu sou sua fortaleza para este novo ano.
Sou seu monte de refúgio, poderoso, alto e
majestoso; sou sua fonte de poder e força.
Estou atento ao som de seu clamor. Eu me
inclino para levantá-la do perigo. Puxo-a
para fora do poço a que você foi levada por
causa de suas escolhas erradas. Limpo as
sujeiras e as manchas de cada erro do seu
passado. Eu faço novas todas as coisas.

Não caia nessa loucura que é a inveja e
o orgulho em relação aos outros. Bênçãos
infinitas no momento certo virão até você,
enquanto mantiver sua confiança
em mim. Eu sou tudo de que você precisa.

Salmos 40.1-4; Provérbios 13.10

2 de janeiro

Não se preocupe com os planos que não se
concretizam, pois eles são oportunidades que
eu lhe proporciono para aumentar a sua fé.
Sou o seu provedor. Sou o Deus de tudo
o que existe, não subestime meu poder e
autoridade em todas as situações pelas quais
você vier a passar. Nunca tenha medo do
inesperado e do imprevisível; nunca fique
na dúvida por causa de qualquer mudança
pela qual venha a se sentir insegura.
Eu sempre supro todas as suas
necessidades – e muito mais.

Salmos 23.1; Deuteronômio 8.7-14;
Filipenses 4.19

3 de janeiro

Não olhe para trás. Nunca olhe para trás.
Mantenha os olhos fixos no amanhecer. Eu
estou *com* você todas as manhãs, no alvorecer
do dia; carrego os seus fardos sob a beleza de
meu amor incomparável.
Você procurará meu sorriso para vencer seus
sentimentos feridos? Saiba que quero
preencher os lugares vazios de sua alma.
Você permitirá que meus braços a sustenham,
para que permaneça firme?
Deixará que minha graça sustente a sua
vida, para que não continue murmurando
palavras autodestrutivas para si mesma?
Permitirá que a minha alegria fortaleça o seu
espírito? Você está guardada comigo. Não vou
deixá-la por um momento sequer. Meus olhos
estão sempre sobre sua vida e tudo o que você
fizer, para guardá-la em todos os momentos.

Isaías 41.10, 60.1, 61.3; Jeremias 29.11;
2Coríntios12.9; Provérbios 5.21

4 de janeiro

Ouça-me em lugares inesperados!
Sim, me escute no síbilo de um pássaro voando,
no lamento do vento, no farfalhar das
folhas de uma árvore, no bramido das ondas...

Sinta a minha presença no cair da noite,
quando o mundo dorme e meus filhos
respiram os beijos dos anjos. Receba o meu toque
quando eu, ternamente, segurar sua
querida cabeça em minhas mãos e ouça em
seus ouvidos a canção do amor que cura.

Salmos 29.4; Êxodo 18.19; Jeremias 31.3

5 de janeiro

Sua segurança está em mim. Eu sou o seu refúgio! Na sombra das minhas asas eu a mantenho a salvo, onde nenhum dano pode alcançá-la. Hoje, você tem uma escolha: pode render-se às preocupações da vida e permanecer estressada, de um lado para o outro, caminhando de angústia em angústia e fazendo da ansiedade a sua companheira. Agindo assim, vai comprometer sua saúde, sua qualidade de vida, seu equilíbrio pessoal. Ou você pode escolher confiar em mim. O que você escolherá hoje?

SALMOS 57.1; PROVÉRBIOS 10.15-17; JOÃO 14.27; MATEUS 11.28-30

6 de janeiro

É de força e de coragem que você
precisa hoje. Estou lhe dando o poder
para avançar com alegria e santa
determinação. Seja forte! Estou,
também, libertando-a das
forças que sempre a aprisionaram,
para que você viva seu destino divino.

Hoje, dê *grandes passos* e salte os
obstáculos e as dificuldades que agem
como espinhos em sua carne. Eu estou
em você e bem ao seu lado!
Estou capacitando-a a sacudir a poeira
do seu cabelo e transformar esse
obstáculo em vitória, *agora*.

Josué 1.9; Filipenses 3.12-15; Colossenses 1.10-12;
Efésios 6.10; 1João 5.4

7 de janeiro

Ame-me o suficiente para desejar
o que desejo a você.
Quando você sai sozinha, por sua conta,
é como alguém morrendo de sede e correndo
pelo caminho errado em busca de água.
Pois saiba que sou seu Salvador e seu amigo.
Sou o oásis no deserto; a sua fonte celestial.
Pare um pouco para aprender sobre o que
quero e desejo para você. É assim que você
se torna uma oração viva.

SALMOS 63.1-3; APOCALIPSE 21.6

8 de janeiro

Quando sua alma se agita por causa de um desejo que você não pode identificar e seu coração bate em um ritmo que diz que algo está faltando, retire-se por um momento e encontre um espaço para exercer o seu dom de criatividade. Eu lhe concedo uma alma criativa – você deve abrir espaço para que seus anseios interiores encontrem expressão.

Oh, há tantas maneiras de liberar os dons que coloquei em você! Ouça com serenidade e profundidade o mundo ao seu redor e, também, as dimensões da minha divina presença. Eu a abençoei com a habilidade de ver além e abaixo da superfície das coisas, para dar voz à sua visão única e à sua paixão. Sua vida é a exuberante arena dos dons que lhe dei. Permita, então, que seus dons se desenvolvam e fluam ricamente. Hoje, permita-se florescer!

FILIPENSES 1.9; SALMOS 107.9;
MATEUS 7.11; 2 CORÍNTIOS 4.15

9 de janeiro

Hoje, eu estou lhe dando uma nova perspectiva, para que você veja as coisas por meio dos meus olhos. Quero que veja a visão da minha janela. Receba meu bálsamo sagrado em seus olhos humanos e a visão turva e a escuridão sairão de você como uma pesada cortina pendente para o chão. Você começará a entender a si mesmo e qual o seu papel em meu propósito final. Se pudesse ver o que eu vejo, você nunca rangeria seus dentes, nunca se inquietaria, nunca se afligiria nem perderia um minuto de seu sono – que seria doce e suave. Ver claramente é compreender. Você experimentou o mel da minha Palavra; provou as bênçãos de meu favor. Agora, estou lhe dando nova visão. Quanto mais alto você subir até mim, mais clara será a visão e mais você verá.

EFÉSIOS 1.18

10 de janeiro

Eu retiro de você, agora, todo fardo e todo
sentimento de peso que tentam envolvê-la.
Removo a distorção lenta da opressão que
procura subjugá-la. Nenhuma angústia
irá capturar seu coração e sua mente. Você
é livre para ver a verdade de cada situação
de meu ponto de vista.
Repreendo cada queda e cada preocupação
egoísta que se aproximem de você.
Tome posse do meu poder hoje e enfrente todas
as ameaças demoníacas à sua felicidade
e contentamento em meu nome.
Meu Espírito Santo, com doçura e beleza,
fluirá por intermédio de suas emoções quando
você lançar todo o seu cuidado sobre mim!
Vou transformar sua mente, para você poder ver
e antecipar as coisas maravilhosas que
planejei para sua vida.

ISAÍAS 54.14; 1PEDRO 5.7;
SALMOS 32.7; JEREMIAS 29.11

11 de janeiro

Minha filha, eu lhe concedi muitos dons.
Então, hoje, mostre seu lado criativo.
Pense em como posso criar algo
surpreendentemente bonito das cinzas
e como transformo o luto em alegria; pense
em como a vestirei com vestes de louvor para
mudar o seu espírito oprimido.
A alegria com que eu a envolvo é como
um precioso óleo de cura.
Sou o criador de todas as coisas na terra
e no céu e lhe dei dons criativos para
me expressar por meio de você. Hoje, seja
livre para expressar plenamente seus dons
em uma enxurrada de amor e alegria – e que
outros me louvem por sua criatividade.

Isaías 61.3; Salmos 147.1; João 8.36

12 de janeiro

Querida, eu não a enviei sozinha. Não, não;
nunca sozinha. *Estou bem ao seu lado*, e meu
Espírito vai antes de você para preparar cada
milímetro do seu caminho. Nunca pense que
você está sozinha, mesmo quando, ao longo do
caminho, tiver de lidar com o desconhecido.
Ainda que o perigo esteja à espreita nas
sombras, saiba que sou sua coragem! Não
apenas isso – eu sou a luz que expõe as sombras
da alma, aqueles pensamentos ruinosos que
dizem que você está sozinha.

Portanto, hoje, diga a si mesma que você *nunca*
está sozinha. Aqueles que não são redimidos
podem se angustiar com a solidão, mas você
é dotada de sabedoria e de um espírito
criativo, estes são seus melhores amigos.
Você não está sozinha. Nunca!

DEUTERONÔMIO 31.8; JOÃO 8.12; ÊXODO 15.2;
SALMOS 107.14; MATEUS 28.20

13 de janeiro

Eu sou um Deus de surpresas. Amo
conduzir novos eventos e circunstâncias
em sua vida, coisas que a inspirem
a ir mais fundo em minha Palavra
– situações que fazem com que você
abandone seus hábitos de complacência
e me busque em um nível mais profundo.
Eu a estou chamando para ver com os
meus olhos, para pensar com a minha
mente! Querida, não há nenhum
problema que você enfrente em sua vida
que a minha Palavra não cubra.

Juízes 6.11-16; Isaías 55.8,9; Hebreus 10.38

14 de janeiro

Eu luto suas batalhas e organizo seus resultados. Busco soluções com aqueles que contendem com você. Deixe que os *outros* contendam entre eles, mas você não precisa disso. Mantenha sua paz e escute a minha sabedoria muito atentamente. As instruções da sabedoria não são sempre as mesmas, como você imaginava. Eu lhe digo que há um tempo para fazer a paz e um tempo para pegar as armas; um tempo para derrubar e um tempo para construir; um tempo para rasgar e um tempo para remendar.

Ouça a orientação da minha sabedoria em um momento como este. Estou aqui para protegê-la, já que o inimigo rasteja avidamente, ansioso para devorar tudo o que aparecer diante do caminho dele. Seu inimigo não é humano. E você não escapará dele com suas fracas táticas e estratégias humanas. Eu lhe digo: nenhuma arma forjada contra você prosperará, porque você é minha! Por isso, peço que me deixe assumir o controle das suas batalhas.

ECLESIASTES 3.1-8; JÓ 33.33; ISAÍAS 54.17

15 de janeiro

Ouça. Quero que você ouça a minha voz em todos os momentos. Quero ser capaz de falar com você a qualquer hora do dia ou da noite e sei que você ouvirá. Meu coração tem um Reino celestial de sabedoria, amor e alegria para compartilhar com você – se você, simplesmente, ouvir. E a maneira de escutar é com o coração. Os pensamentos do meu coração para o seu serão acesos e iniciados em você – um brilho poderoso, que poderia iluminar o mundo inteiro! Eu a chamei para ser esse farol de luz, fixo e inatacável, através de cada tempestade; até mesmo ao longo da noite mais negra e sem estrelas.

Ouça. Estou lhe ensinando a discernir o que é verdadeiro e honrado, aquilo que é digno de sua atenção. Estou lhe mostrando o que reverenciar, que coisas são nobres, respeitáveis, autênticas, puras e amáveis. Ouça. Estou lhe mostrando a beleza de meditar sobre o melhor, não o pior; sobre escolher o belo, não o feio; coisas para louvar, não coisas para amaldiçoar; e amar como eu amo.

ÊXODO 18.19; LUCAS 11.36;
FILIPENSES 4.8; 1JOÃO 4.7-8

16 de janeiro

Eu falo com você dia e noite.
Amo lhe contar coisas, ensinar, ajudar, orientar...
Sou o seu Senhor e sua vida, quando você
observa a minha vontade para sua vida,
tudo que sua mão toca irradiará para outros
com a presença e o toque do Todo-poderoso.
Mas, sem mim, vá em frente... Use roupas
e joias caras; jante em salões de banquetes
com governadores e reis. Pois todos
perecerão e desaparecerão.
Sem *mim*, você não pode fazer nada!
Viva em mim, visceralmente aconchegada
e unida a mim, pois este é o caminho certo para
entender quem você é, e para o que foi chamada
a fazer nesta vida. Por que lhe digo isso?
Porque somos *um*. Sempre, sempre,
sempre se lembre disso.

João 10.15, 27; 15.4-5; Salmos 32.8; João 17.22

17 de janeiro

Seu verdadeiro lar está estabelecido com
segurança em meu coração, pois aqui
é onde você nasceu para viver. O medo
e as preocupações irão sempre sufocar
a felicidade que você nasceu para possuir.
Amada, em mim não há absolutamente
nenhum medo. Nada me altera, nada!
Sou toda a paz e toda a alegria. Sou contente,
sou *feliz*. Prometi-lhe minha paz e também
disse que lhe daria minha orientação e
consolo sobre as coisas que a incomodam.
Você tem minha mente.
Quero que seja feliz na casa que preparei
para você na terra; mas reconheça
e entenda, definitivamente, que sua
verdadeira casa está aninhada dentro
do meu coração.

Salmos 91.1; 128.2; 144.15; Jó 24.23; 1João 4.18;
Jeremias 15.16; 1Coríntios 2.16

18 de janeiro

Se você fizer sua casa comigo, se nossa
relação for íntima e orgânica, se eu fiz
minha casa em você e minhas palavras
estão morando em seu coração, como
posso resistir aos seus pedidos? Viva e
prospere em mim e você terá sucesso em
seus empreendimentos. Se você vive
obedecendo à minha voz e me amando,
eu estou em seus planos! Estou aqui
guiando e dirigindo seus passos! Sua
alma cresce à medida que você faz
a sua morada em mim, por isso eu lhe
disse que pedisse o que quisesse e lhe
seria feito. Esta é a minha
promessa para você.

João 14.23, 15.1-10; Marcos 11.24; Josué 1.8

19 de janeiro

Você tem meu favor imerecido, por isso
é salva do julgamento dos outros.
Não permita que as falhas se aproximem
de você. Livre-se de todas as palavras
condenatórias, a si mesma e aos outros.
Eu a coloquei em meu coração, sua vida é nova
e bonita, repleta de cura e sabedoria. A culpa
não pode ter nenhuma pressão sobre você!
Eu a deixei livre com meu delicioso perdão.
Dei-lhe bondade e misericórdia como aliadas.
Elas a seguirão todos os dias de sua vida.
Eu a chamei para aumentar meu favor em sua
vida; então, desfrute a música e dance em
sua liberdade. Eu amo quem você é.

Jó 10.12; 1Reis 4.29; Provérbios 7.18

20 de janeiro

Viver de forma intensa e unida a mim é a
chave para a sabedoria e compreensão
de minha mente onipotente.
Quando você absorve as palavras que lhe
falo, quando medita e pondera no que
lhe digo, um novo poder toma forma em seu
espírito. A autoridade das minhas palavras
frutifica em você para lhe dar sabedoria,
discrição e compreensão. Vejo sua situação
agora. Minha Palavra irá guiá-la e instruí-la.
Nunca sucumba à confusão, você tem
minha Palavra em você.

SALMOS 18.30; ISAÍAS 58.11; JOÃO 16.13

21 de janeiro

Você está precisando de uma nova visão para
sua vida? Você está ansiando por mudanças?
Em caso afirmativo, silencie seu coração
agora e se retire na quietude da hora,
sem ser perturbada por influências
externas e interferências.
Fique quieta e concentre-se calmamente
na presença do Pai. Seus desejos são
sementes para você nutrir, porque você
nasceu com mais do que uma finalidade.
Enquanto você fica em silêncio e em oração
perante o trono da graça, escute a orientação
do meu Espírito Santo, aguarde a unção
do seu Salvador e a perfeita vontade
do meu Pai ficará clara.

Salmos 4.46, 32.8, 46.10; Lucas 1.79; João 16.13

22 de janeiro

Eu a livro de todos os seus medos. Junte
a sua vida à minha neste dia e espere
as únicas e extraordinárias bênçãos
e as oportunidades que surgirão em seu
caminho. Moverei poderosamente as coisas
em meu nome, enquanto você confia em
mim. Veja! Todas as coisas são novas em
sua vida e os medos do passado se foram,
porque você é uma pessoa nova agora.
Eu lhe dei um novo começo. Venha, vamos
ser felizes juntos, enquanto você mergulha
nessa fabulosa estrada à sua frente.

2Coríntios 5.17; Deuteronômio 1.21;
Provérbios 16.20

23 de janeiro

Eu a liberei de seus padrões errados de pensamento, de seus antigos hábitos autodestrutivos e lhe dei uma nova mentalidade. As armadilhas do passado estão quebradas e eliminadas. Você é completamente nova! Agora, sua nova mente forma novas, inspiradoras e reveladoras verdades, assim você trará vida e luz a situações que antes eram muito confusas e desconcertantes para você. Seus padrões de pensamento, agora mudados, não são mais manchados com a influência negativa do mundo, você vai prevalecer em todas as coisas!

Colossenses 3.2; Efésios 4.23; Isaías 61.7; João 8.31-32, 36; 2Samuel 22.19

24 de janeiro

Amo a sua curiosidade e o seu interesse
vibrante no mundo que criei.
Eu me deleito em ver como você
aprecia com temor a minha criação.
Por causa do seu santo entusiasmo, vou lhe
mostrar muito, muito mais para amar.
Eu lhe darei sensibilidade espiritual e você
aprenderá mais acerca das sutilezas da
minha poderosa, criadora e santa mão.

Aprecie a beleza da minha criação em seus
detalhes. Todos os seres vivos louvam o meu
nome. Dei-lhe o mundo para cuidar, ser
frutífera e se multiplicar. Seja feliz com
o que lhe dei. Eu criei tudo para você!

Gênesis 1.28-31, 2.15

25 de janeiro

Fique calma. Você é mais forte quando está parada. Na quietude e na confiança, você é forte. Eu estou com você e sou o Senhor que é exaltado acima de toda a terra!

Eu a carrego na palma da minha mão.

Você está segura, aqui e *agora*.

A minha presença é o seu lugar seguro.

Não há necessidade de lutar suas próprias batalhas. Não há necessidade de correr para se defender. Sem mim, suas armas pessoais de nada servem. Quando estou ao seu lado, a batalha é vencida. Eu sou sua armadura segura e invencível.

Isaías 30.15; Salmos 46.10-11; 2Crônicas 20.17

26 de janeiro

Eu sou a fonte de toda a sabedoria, mas seu
raciocínio natural a conduzirá para
caminhos errados. Lembre-se, nada está
escondido dos meus olhos.
Vejo os desafios que você enfrenta hoje,
estou cuidando de tudo o que a preocupa.
Esteja atenta para obedecer às inspirações do
meu Espírito; resista à tentação de seguir em
frente com suas próprias forças em relação a
assuntos muito grandes para você lidar sem
mim. Quando é espiritualmente flexível e
obediente ou quando é paciente e submissa à
minha liderança, você vê milagres. Milagres
de verdade! Eu posso mudar uma situação
em um piscar de olhos! Mas, sem mim,
você nada pode fazer.

João 15.5; Isaías 1.19; Jó 12.13; Salmos 51.6;
Tiago 4.7; Gálatas 3.5

27 de janeiro

Entregue as lágrimas de seu pranto a mim
e eu as derramarei no mar do esquecimento.
As lágrimas, como as lâminas que riscam
a pedra, não vão mais sulcar seu rosto. O passado
terminou com suas lágrimas quentes e sua dor
chocante. As cinzas não têm vida e não servem
para nada. Não se sente nas cinzas da tristeza
de ontem quando eu as escondi sob
as promessas de minha Palavra.

Descarte sua tristeza hoje, porque suas
cicatrizes de batalha são contadas no céu. Nada
escapa do olho vigilante que vem do céu; e, com
um sopro, eu derroto seus inimigos. Submeti
todos eles a mim. Todos eles.

Cântico dos Cânticos 2.11; 2Pedro 1.9;
Isaías 61.3, 60.20; Romanos 8.37

28 de janeiro

Eu quero lhe revelar as emoções sutis da
vida em meu Espírito. Quero que olhe
profundamente e tenha tempo suficiente
conhecendo a minha Palavra para ver as
bênçãos que tenho para você. Não há lágrimas
em nenhum canto do céu, amada.
Estou livrando-a das garras da preocupação
e das negras emoções que puxam e derrubam
você. Como você semeou em lágrimas,
agora colherá com alegria.
Seja receptiva à minha voz e se segure em
minha imutável promessa de santa alegria.
Quero que você veja as grandes coisas que
estou fazendo por você hoje.

SALMOS 30.5; 126.5; ISAÍAS 25.8; 60.20;
NEEMIAS 8.10

29 de janeiro

O passado acabou, ficou para trás. Você está em um novo caminho agora. Eu a perdoo, querida; então, você deve perdoar a si mesma também. É bom mudar de direção da forma habitual de vida e pedir perdão. Receba o meu perdão mais a bênção de uma nova perspectiva de vida e um espírito revigorado. Quando você estiver satisfeita e eliminar essas preocupações e cuidados autocentrados, começará a viver verdadeiramente *uma vida plena*. Experimentará uma liberdade limpa, linda e feliz em mim, porque seus olhos estarão abertos para uma esperança e fé aumentadas, e você terá tanta satisfação – que será grande o suficiente para *perdoar a si mesma*. Tudo é novo, fresco, impecável e maravilhoso! Eu amo você.

HEBREUS 8.12, 10.22; FILIPENSES 4.7; MIQUEIAS 7.18; ATOS 26.18; CÂNTICOS DOS CÂNTICOS 2.11; ROMANOS 8.1; 2CORÍNTIOS5.17; 1PEDRO 5.6-7

30 de janeiro

Cada passo que dá, você me leva ao seu lado.
Quando está cansada ou insegura,
eu a carrego em meus braços.
Se você se envolve mais com as coisas
ruins da vida do que com o que é bonito
e abençoado, atrairá mais do mesmo.
Portanto, venha! Relaxe no perfume do ar
do meu Espírito Santo em seu rosto.
Por muito tempo, você pensou em mim
como alguém distante, mas sempre estive
por perto. Esse é um conceito errado a meu
respeito. Olhe para cima, querida! Estou
bem aqui. Agora mesmo. Contigo. Sempre.

PROVÉRBIOS 23.7; MATEUS 28.20

31 de janeiro

Eu vou adiante de você e presenteio sua vida com bênçãos antes mesmo de elas serem um pensamento em sua cabeça.
Atendo as necessidades que você nem pediu. Dou-lhe riquezas as quais você nem sabe nomear. Meus pensamentos são muito mais altos que os seus, é por isso que, hoje, é necessário que você pergunte o que é melhor para *mim* na sua situação atual. Prometi fornecer mais do que tudo de que você precisa, quando orar pelo que é melhor para *mim* e para o meu Reino em todas as coisas que se relacionam a você, sempre terá o que é melhor.

1REIS 3.13; SALMOS 23.5; 40.51;
JEREMIAS 29.11; MATEUS 6.33

FEVEREIRO

Fala, pois o teu servo está ouvindo.

1Samuel 3.10

1 de fevereiro

Hoje, abra-se para liberar seus poderes criativos. Permita-se mover mais livremente em seu dia a dia. Rotina é bom, mas esteja ciente de que qualquer aborrecimento sempre pode deixar você agitada.

Uma rotina fixa, que não oferece nenhum desafio, pode sufocá-la, e a busca por segurança pode oprimi-la, até que sua vida se torne pequena demais para você.

Eu a criei para fazer grandes coisas, para viver na divina aventura, guiada pela criatividade do meu Espírito Santo. Escute o que sua alma diz, desejando e abrindo o seu coração à minha moldagem na sua vida e à transformação dos seus dons. Como é linda a oferta dessa visão criativa! Seja livre para expressar o que borbulha dentro de você – e se renda ao desconhecido.

ROMANOS 11.29

2 de fevereiro

Você precisa de força sobrenatural hoje?
Pois pergunte e lançarei luz sobre uma nova
estratégia para que você, desta vez, supere
seus planos anteriores fracassados. Eu a estou
preparando pelo meu Espírito para que você
possa enfrentar um exército de problemas e
superar tudo isso muito facilmente. Você está
equipada para ultrapassar os obstáculos de
desencorajamento e decepção como uma gazela
que anda ao lado de penhascos montanhosos
mortais durante todo o dia e nunca cai.
Você não é nenhuma covarde!
Hoje, use sua força sobrenatural como prova
viva de quem você é.

Salmos 18.28-29; Êxodo 15.2; 2Samuel 22.30;
Daniel 10.19; Efésios 3.16-17; Isaías 40.29

3 de fevereiro

A preocupação tem um eco, ela martela diariamente contra as paredes de sua mente, e suas emoções ficam abaladas por isso, fazendo com que você fique, devido a tanta agitação, literalmente tonta. Quando você se concentra em seus problemas, suas emoções se comportam como crianças rebeldes correndo desesperadamente e de maneira desenfreada – e, enquanto deposita seus pensamentos na caixa de lixo das decepções, você não pode me ouvir ou ver minha mão em nada.

Deixe-me ensiná-la a pensar como eu penso! Tenho algo maravilhoso para você: bênçãos estão esperando para alcançá-la! Reaja às palavras que falo a você, para que eu possa abrir meu bom tesouro e abençoar todo o trabalho de suas mãos. O sucesso espera por você como um amigo verdadeiro.

Isaías 41.10; 1Coríntios 14.33;
Deuteronômio 28.2, 12; Salmos 90.17

4 de fevereiro

Deixe-me mostrar-lhe meu coração nas questões que a preocupam. Quando você entra em meu coração, suas preocupações são reduzidas a pó. Quero que você saiba que suas preocupações são importantes para mim e que estou respondendo às suas orações. Meus caminhos são perfeitos, lembre-se. *Não* cometo erros.

Conheço o princípio e o fim, porque EU SOU o princípio e o fim. Acredite na certeza do meu coração e eleve os seus padrões de oração, porque eu tenho algo melhor para você hoje – algo maior e mais belo do que tudo que você me pediu.

Salmos 18.30, 55.22, 138.8; Romanos 8.28; Jeremias 33.3; Mateus 7.7-8

5 de fevereiro

Nunca subestime o poder de suas orações.
Elas são como incenso agradável que sobe
à minha presença.
Você tem o poder de sacudir mundos e confundir
demônios com a autoridade de suas orações.
As canções de amor que você cantou para mim
no passado ainda ecoam em meus ouvidos,
suas orações, que moveram montanhas
ontem, continuam efetivas ainda hoje.
Seja apaixonada. Seja resoluta. Conheça
a magnitude e a influência de cada oração
que você direciona a mim e cada canção que
canta em meu nome. Suas orações perduram –
e nunca perdem seu valor ou eficácia –
em qualquer tempo, reunindo bênçãos
e espalhando por toda a minha criação.
Suas orações têm asas!

Salmos 54.2; 141.2; 145.18-19; Deuteronômio 28.2;
Tiago 5.16; 1Tessalonicenses 5.17

6 de fevereiro

Tenho um lugar secreto para você se
encontrar comigo. É um lugar exclusivo
e sagrado, localizado sob minha sombra
poderosa. Aqui, na sua morada reservada
comigo, você está garantida, estável e
segura, fora do alcance das armadilhas
ocultas que estão sempre do lado
de fora, logo após a porta.
Aqui, na sombra de minhas asas, você não
tem medo de coisa alguma – nem dos lobos
uivando durante a noite, nem das guerras e
batalhas que eclodem entre os homens, nem
das doenças que assolam as pessoas e que,
muitas vezes, se espalham no escuro da noite.
Você permanece confiante e em paz, na
companhia dos anjos, se sentindo segura
para ter uma vida longa e próspera aqui,
sob os meus cuidados. Aqui é seu lar
permanente e eterno.

SALMOS 91

7 de fevereiro

Hoje, me entregue as suas dificuldades
e lutas. Vou mudar as coisas para você.
Renovarei sua força e fortificarei seu
coração. Vou levantá-la em asas gigantes
e mantê-la sempre bem perto de mim, como
a águia que voa em direção ao sol.

Vou mantê-la com energia suficiente para
a corrida, e você não vai desmoronar nem
se cansar ao observar toda a caminhada
difícil que está à sua frente. Fique calma!
Confie em mim. Na paciência, você mantém
o controle da sua alma.

ISAÍAS 40.31; LUCAS 21.19

8 de fevereiro

Nunca tenha medo de um desafio, minha querida. Sou eu quem dá início aos desafios em sua vida para adicionar brilho à sua fé! Como eu amo ver seu rosto quando ele fica iluminado com a plenitude da confiança em quem você é, como minha querida e amada filha.
Eu amo seu rosto, firme como uma rocha, com convicção, ordenando que os inimigos invisíveis da dúvida e do medo a deixem em paz.
Ah, venha para perto de mim, minha querida, e me deixe dizer e demonstrar o quanto eu amo você e como são inestimáveis as pérolas de sua fé.

TIAGO 1.2; MATEUS 13.46; 17.20

9 de fevereiro

Comemore comigo hoje! Vamos dançar, cantar
e celebrar a alegria, porque tudo está bem.
A Palavra que eu lhe dei é um presente perpétuo
que viverá para sempre em seu espírito.
A felicidade é sua e chega aos cantos mais
profundos de sua alma. Sua personalidade
vibra e seu corpo brilha com alegria.
Estamos unidos, querida, e tudo está bem!
Não importa o que você vê ou ouve com seus
olhos e ouvidos naturais, tudo está bem!

Salmos 16.8-9; 119.111; Filipenses 4.4

10 de fevereiro

Você é como uma bela música para mim.
O refrão que você canta com sua vida reverbera
em todas as salas de concerto que existem
no céu – coros de anjos se juntam a você,
cantando alegremente dia e noite, nunca
repetindo a mesma partitura duas vezes,
e louvando eternamente o Rei dos reis.

Você é linda, minha adorável criação.
Sua respiração aos meus ouvidos é tão mágica
quanto a primavera o é para as flores. Agora
é hora de seus sonhos se tornarem realidade.

Salmos 69.30; 100.1-2, 4; 144.9

11 de fevereiro

Você gostaria de voltar no tempo, retomar
aquilo que perdeu, recuperar os momentos
perdidos, as oportunidades desperdiçadas,
apreciar o que você recebeu e não valorizou
o suficiente ou corrigir o que foi quebrado?

Suponha que eu permita que você volte
no tempo e faça, hoje, tudo de novo.
Você realmente acha que sua vida
seria muito melhor?
Não, querida. Eu lhe digo: aproveite *este*
momento! Faça as pazes com seu
passado e comece de novo!
O tempo não é seu empregador,
nem o ontem é o seu inimigo.
Você vai prevalecer! Comigo, você
descobrirá que todas as coisas realmente
funcionam juntas para o bem.

Filipenses 3.12; Deuteronômio 13.4;
Salmos 1.1-3; Efésios 5.8

12 de fevereiro

Permita que a beleza simples de meu Espírito
Santo sacie seu corpo, alma e espírito agora.
Seja banhada e surpreendida sabendo como
minha glória suprema permeia cada célula
sua. Oh, como você é amada!
Estou lhe dando novas estratégias agora –
estou renovando o velho. Portanto, amplie
sua visão! Deixe agora seus pensamentos
irem adiante para alcançar a atmosfera
inabalável do amor total, viva livre e
alegre no poder da bondade e misericórdia
durante todo este dia.

João 14.26; Deuteronômio 10.12; Salmos 23.6

13 de fevereiro

O santuário de sua alma é um belo
lugar, cheio de glórias bem merecidas.
Deixe sua alma sorrir hoje, porque tudo
é bom; não deixe nada abalar sua paz
de espírito e sua felicidade.
Estou enviando anjos para
acompanharem e protegerem você
agora; também estou dando-lhe as
chaves para que você abra um novo
destino. Você ganhou os privilégios
de meu favor.

Jó 10.12; Salmos 5.12, 91.11-12; Provérbios 8.35

14 de fevereiro

Você me ama sem me ver e é
bem-aventurada por isso! O que você não
pode ver traz a maior alegria para sua vida.
Eu, constantemente, dou-lhe presentes,
porque quero que sua alegria e satisfação
estejam completas, plenas e transbordem.
É uma delícia para mim lhe falar das
maravilhas que tenho guardadas para você,
quando vive plenamente unida a mim
e quando minhas palavras vivem em todos
os seus pensamentos. Isso, porque, querida,
eu amo você totalmente.

COLOSSENSES 1.15; 1TIMÓTEO 1.17;
SALMOS 16.11, 23.5; MARCOS 4.11; JOÃO 15.9

15 de fevereiro

Dentro de você está um mundo tentando
nascer: um mundo de promessa, propósito
e prazer. Um mundo maior do que os sonhos
ainda não realizados que você mantém em
um lugar esquecido do aqui e agora.

Os riscos que existem para espalhar as asas de
sua mente vibrante, para expandir as estacas
de suas tendas e para avançar em direção aos
desconhecidos desertos de tentativa e erro,
acaso e incerteza, requerem coragem santa.

Veja a si mesma como alguém corajosa,
querida e o que está para nascer de dentro de
você a levará a uma paisagem mais ampla,
demasiadamente abundante e verde.

Não peço que você sonhe grande.
Peço que você *seja* grande.

1Pedro 1.23; Provérbios 18.10; Salmos 32.8;
Romanos 8.6; Colossenses 1.10-12

16 de fevereiro

Ouça o desejo do seu coração
de ser pleno e completo.
Sua fé é generosa o suficiente
para acomodar seus anseios.

Você será o que pretende ser e terá
o que pretende ter em mim.
Hoje, acredite e peça. Não
se contente com menos.

MATEUS 21.22; MARCOS 11.24

17 de fevereiro

Olhe nos recônditos do seu coração. O que há lá dentro? É o cinto insubstituível da *verdade*? Inflexível e intransigente, você ousa sem falhar todos os dias, mantendo a fivela firme e segura em torno de sua cintura? O que eu vejo bem próximo à verdade? É essa *integridade* que deve ser usada de maneira plena em todo o seu peito, para que todos observem com temor? Agora, eu estou procurando seus calçados! Formosos são os pés que anunciam o meu Evangelho. E sobre os seus sapatos, o selo dentro deles está bem firme, a fim de que, a cada passo dado, você leve boas notícias? Onde está o seu *escudo da fé*? Aí está, bem atrás de todos os outros chapéus que você gosta de usar. O *escudo da fé* é a sua segurança e proteção; você não acha que ele deveria estar junto ao seu *capacete da salvação*? Quantas vezes você usa o seu santo capacete, de tal forma que o mundo possa ver de quem você é? E eu vejo sua *espada*! Não é ela, brilhando como fogo no fundo do seu coração, minha Palavra, o seu guia infalível? Sem todos esses elementos para enfrentar todas as dificuldades da vida, você está absolutamente, completamente, despida.

EFÉSIOS 6.11-17

18 de fevereiro

Você pode ouvir a minha voz de bênçãos?
Estou sussurrando em seu ouvido agora.
Você pode me ouvir? Você pode ouvir as
promessas perfeitas por meio de minha
Palavra? Ouça e aprenda: *Eu nunca a
deixarei, nem a desampararei.*
E: *se você permanecer em mim e as minhas
palavras permanecerem em você, peça
o que quiser, e lhe será dado.*

Mantenha essas palavras próximas ao seu
coração em todos os momentos da sua vida, para
que minhas promessas deem frutos eternamente.
Não ouça as vozes da descrença, porque elas vão
puxá-la para um atoleiro mundano que tapará
seus ouvidos para a verdade.
Hoje, permita que eu a abrace firmemente e receba
minhas promessas, para que você não perca nada.

Isaías 30.30; Hebreus 13.5; João 15.7;
Salmos 89.33; Sofonias 3.5

19 de fevereiro

Chamei você para uma vida de integridade.
Antes de tudo, integridade.
É preciso integridade para permanecer firme
na fé quando tudo parece escuro.
É preciso integridade para resistir firmemente
à tentação. É preciso integridade para ficar
firme em minha Palavra, com um coração
agradecido, apesar das dificuldades. Apenas
o compromisso espiritual não quer dizer
integridade, porque eu sou Deus e não
negocio nem me contento com menos.
Ninguém pode me enganar.
Filha, deixe a sua integridade brilhar por meio
de cada provação e tentação – e me
deixe orgulhoso de você!

ATOS 5.29; GÁLATAS 6.6,7;
PROVÉRBIOS 19.1; SALMOS 17.8

20 de fevereiro

Hoje, você vai me deixar envolver seu
coração com meu eterno amor e dizer o
que tenho em mente para você? Oh, minha
querida, há muito que você não sabe,
e tudo eu quero contar a você...
Ouço suas queixas durante a noite,
seus suspiros durante o dia e as suas
murmurações durante seu horário de
devoção e meditação. Meus braços estão
abertos para segurá-la, encorajá-la,
abençoá-la – e para assegurá-la de seu
futuro orientado por mim. Você conhecerá
meu abraço para ficar segura em um lugar
apropriado, onde eu posso falar com você e
assegurá-la de que está tudo bem? Chegue
mais perto, então meus braços estão abertos.

Provérbios 3.5; 1Tessalonicenses 5.24;
Isaías 54.9-10; 59.1; 1Coríntios 1.9; 2Timóteo 2.7

21 de fevereiro

Quando você se sente desanimada, a tendência é ser dura consigo mesma, não é verdade? Você vai se colocar para baixo devido aos erros que cometeu. Se você agiu com pressa e não esperou pela minha orientação, não se preocupe. Vamos começar de novo. Estou aqui para ajudá-la. Nunca deixei você, estou sempre aqui, não importa o que faz ou quão longe de mim você possa, um dia, estar. Se você permitir que suas emoções a conduzam, correrá o risco de cair na armadilha das falsas bênçãos e o que é permanente e perfeito poderá ser sacrificado. Mas, não tenha medo. Estou trabalhando para você!
Tudo o que peço é que confie em mim e que não vá apenas com seu próprio esforço tentando consertar o que não pode. Sou aquele ser divino que conserta tudo, só eu posso transformar cinzas em algo realmente belo. Só eu posso apagar a imitação e substituí-la pelo que é real e verdadeiro.

Salmos 23.3; 86.8; Jeremias 33.8; Hebreus 2.17; Apocalipse 15.3; João 16.33; 1João 5.4

22 de fevereiro

Tenha cuidado e se segure firmemente ao conhecimento que você já adquiriu de mim. Embora a sua alma possa lutar contra as forças das trevas, serei exaltado em você, porque eu a fortaleci. Gosto de recompensá-la e de fazer boas coisas para você. Sei que é difícil agradecer quando as coisas não estão indo bem, mas lhe digo que agradeça ao meu Pai hoje, agradeça por *todas* as coisas, porque isso é a vontade dele em tudo o que lhe diz respeito.

Agradeça-lhe pelo que está por vir e sua gratidão ajudará! Cante para mim com seu coração agradecido. Eu estou ao seu lado cantando também.

1Tessalonicenses 5.18; Isaías 46.10-11; Salmos 40.3

23 de fevereiro

A linguagem de ação de graças
é a linguagem do céu.
A qualidade do louvor transcende todas as
coisas que sentimos nesta vida terrestre.
Meu Pai deu a minha vida por você, o sangue
que derramei o redime e lhe concede
perdão, vida nova, doçura da alma,
sono reparador e alegria indizível.
Você pode ser grata hoje?

COLOSSENSES 1.14

24 de fevereiro

Estou com você nos bons e nos maus momentos,
e não a amo menos quando as coisas dão
errado. Meu amor por você é de eternidade
a eternidade; é um amor perfeito.
Você pode ser tentada a pensar que eu a afligi,
porém jamais a trataria mal ou faria qualquer
coisa em sua vida sem um propósito. Estou
sempre trabalhando em e por você.

Eu a chamei para uma caminhada de fé,
e essa caminhada requer uma relação viva
comigo, a cada minuto de cada dia, não
importa quais circunstâncias possam estar
acontecendo. Quando o seu coração está ferido
ou machucado, estou aqui!
Deixe-me confortar seu dolorido coração.
Estou ensinando-lhe a beleza da
alegria ao passar por tudo isso.

João 14.27; Filipenses 2.13; Mateus 28.20

25 de fevereiro

Hoje, permita-me trazê-la a um lugar glorioso de alegria e celebração no meu Espírito. Minha querida filha, estou levando-a para longe do controle de uma introspecção sombria. Já a transferi do reino das trevas para o Reino de amor perfeito e maravilhoso do meu Pai. Fique feliz! Seja grata!

Cada coisa preocupante que você encontra é apenas uma pequena elevação sem maiores riscos na grande tapeçaria de sua vida – uma tapeçaria realizada com segurança nas paredes de sua fé e de meu amor.

COLOSSENSES 1.9-13; MATEUS 6.27; PROVÉRBIOS 10.22; SALMOS 32.11

26 de fevereiro

Hoje, permita-se ver quão forte o seu coração
vai crescer quando você estiver grata. Quanto
mais fundo você olhar para dentro, mais irá
reconhecer os indiscutíveis e intermináveis
presentes resultantes de minhas
bênçãos e de meu amor.
Deixe um coração grato ser seu companheiro.
Quando você estiver sendo tentada, o seu
hábito de gratidão se levantará e soprará
os sentimentos opressivos como poeira.
Em todas as circunstâncias deste dia,
deixe o tesouro do seu coração agradecido
governar o seu espírito.

HEBREUS 13.15; EFÉSIOS 5.20; SALMOS 100.4

27 de fevereiro

Filha, sabia que quando você é grata e seu
coração se enche de gratidão e apreço por sua
vida *comigo*, você é uma com os anjos?
Meus anjos, que ficam ao redor do meu trono, me
louvam e me agradecem durante todo o tempo! E
eles se envolvem na mesma experiência de alegria
quando você está realmente grata por sua vida,
mesmo que nem tudo seja exatamente
como você quer que seja.
Portanto, seja grata! Ana saltou de alegria
antes mesmo que sua oração para ser mãe de
uma criança fosse atendida.
Leia a minha Palavra, examine os meus
caminhos e você verá que o choro pode durar uma
noite, mas a alegria vem pela manhã. Um coração
agradecido é mais eficaz do que qualquer munição
no campo de batalha da vida.

Salmos 34.1, 100.4, 103.20, 107.1; Efésios 5.20;
1Tessalonicenses 5.17; 2Samuel 6.14

28 de fevereiro

Eu estou chamando você para um lugar mais profundo da fé, vou responder a todas as suas necessidades de hoje, à medida que você as apresenta a mim. Você pode ter certeza de minha amorosa proteção e ajuda; você vai prevalecer em todas as coisas, pois *não posso falhar* – nunca vou sair do seu lado.
Aqueles que contendem com você fazem o mesmo comigo.
Seja corajosa e faça coisas difíceis.
Você é chamada para uma vida dinâmica de superação, sua fé e a sua integridade são um deleite para mim.

ROMANOS 1.17; MARCOS 11.22-24; 1CORÍNTIOS 16.13; APOCALIPSE 3.21; 2SAMUEL 22.20

MARÇO

Pois é Deus quem efetua em vocês tanto o querer quanto o realizar, de acordo com a boa vontade dele.

Filipenses 2.13

1 de março

Você está sendo guardada neste momento pelo
meu Espírito Santo, que anseia guiá-la para
frente neste novo mês. Embora você possa
ser afligida por lutas e provações e tentada
a voltar atrás, quero que perceba que recuar
é a possibilidade de definhar espiritualmente,
e até de morrer. A autenticidade da sua fé deve
passar por testes que a tornam mais preciosa
do que o ouro, que é perecível. O ouro é sempre
refinado e purificado pelo fogo; por isso,
me agradeça pelo fogo de sua prova!
Não rejeite esse teste divinamente preparado
para o crescimento da sua fé; veja como isso
é uma coisa bela.

Tiago 1.2-4, 12; 1Coríntios 3.13; Isaías 48.10;
Salmos 66.10; Hebreus 11.1

2 de março

Eu sou a sua eterna luz, sua glória e aquele que
levanta a sua cabeça. Seus dias de provação
terminaram, estou restaurando e rejuvenescendo
o seu belo coração. Não aceite pensamentos enganosos,
dizendo a si mesma que você está desgastada,
cansada, acabada ou que não é mais importante para
ninguém. A verdade é que *você* é importante!
Ouça o que digo: ressentimentos cansam, eles
encolhem a alma e murcham o espírito. Portanto,
permita-me renovar e revitalizar o seu espírito, sua
alma e seu corpo, porque tenho novos sonhos para
você sonhar e grandes coisas pela frente em sua vida.
Pegue minha mão e me deixe elevá-la a um lugar
mais alto do que você está agora.

Salmos 3.3, 61.2, 91.14-15; 2Tessalonicenses 3.13;
Jeremias 29.11; 1Tessalonicenses 5.23; Isaías 55.9

3 de março

Eu uso o simples para confundir os sábios,
e o ordinário se torna extraordinário em minhas
mãos. Não se deixe enganar pela sabedoria
humana. Escolhi crianças para influenciar reis.
Escolhi um menino com um estilingue para
matar um gigante, um gago para redimir meu
povo da escravidão e uma menina
órfã para salvar uma nação.
Escolha a sabedoria que vem do alto e veja
como criarei um novo vocabulário de sabedoria
para você – um vocabulário que trará vida.
Você construirá palácios de ouro com as
palavras de sua boca e a coragem da sua fé.

Tiago 3.17; 1Coríntios1.27;
Provérbios 16.23,24; Hebreus 11.1

4 de março

Oh, o coração orgulhoso é como algo tedioso. Ele
se vangloria e se movimenta de forma ansiosa,
ficando como um cavalo suado, que, depois
de muito se bater, pula de um penhasco.
O orgulho tem mau cheiro... Ele é azedo, fétido,
sujo. E não é de se admirar que o orgulho não
seja uma coisa saudável.
O orgulho de uma pessoa surge até no leito
de morte, gritando por seus direitos, exigindo
atenção, recusando-se a mudar. O orgulho
faz com que os ossos fiquem velhos; a pele,
enrugada; e as entranhas, doentes. O orgulho
repele a honra. Ele é como um estranho
pedindo para ser respeitado. Querida filha,
a todo custo, evite o orgulho.

Provérbios 14.30, 16.17-19; Tiago 4.6;
1Samuel 2.3; Salmos 31.23; 1Pedro 5.5

5 de março

Quando você quiser ganhar respeito, medite
sobre uma forma de me agradar.
Você me alegra usando a verdade em torno
de seu pescoço e escrevendo misericórdia
e bondade na tábua do seu coração.
Você tem o favor do meu trono quando se apoia
e confia em mim em todas as decisões que toma
e escolhe não ir contra o que você sabe ser
minha vontade verdadeira e perfeita.

PROVÉRBIOS 12.2

6 de março

Confie em mim para lhe dar sabedoria
e discernimento em tudo o que está diante
de você hoje. Quando você confia em seu próprio
entendimento, perde o equilíbrio.
Acaba escorregando e caindo.
Não escolha o caminho torto, pois eu a preparei
para andar em um caminho de graça e segurança.
Erga sua cabeça e veja como provoquei em você o
florescimento, como uma árvore plantada junto
a ribeiros de água viva, lhe dei a oportunidade
e o privilégio de observar, com a verdadeira
sabedoria, como tudo que você faz prospera.
Quando os seus caminhos me agradam,
você tem tudo!

Salmos 1.3, 25.14; Provérbios 3.1-6

7 de março

Você multiplica e conta suas bênçãos quando
olha para o pote da ansiedade?
As moedas cairão das janelas do céu para
pagar suas contas e comprar o seu alimento se
você perder o sono e se preocupar? Venha para
perto de mim, querida, levante a cabeça e creia
na minha Palavra. *Em cada necessidade sua,
eu estou aqui para ajudá-la.* Nunca vou
deixá-la se afogar no abismo de seus medos.
Juntos, superaremos todos os aborrecimentos
e cada problema. Então, fique em paz!

Lucas 12.15, 22-34; João 14.27

8 de março

Quando você sentir fortes emoções por ter
uma simples alegria, não se contente
com gotas de diversão.
Quando você quiser o verdadeiro amor, não
se contente com bajulação; e quando você
desejar ardentemente a paz, não se contente
apenas com pequenas piscadas no meio do
sono agitado. Hoje, busque a experiência
da verdadeira alegria, que não pode ser
adulterada, deixe minha beleza fazer com
que sua cabeça descanse.

SALMOS 16.11

9 de março

Quero mostrar-lhe como criar o seu próprio
padrão para recompensas e aprovação. Não
quero que você fique acordando no meio da
noite, se sentindo rejeitada e esquecida, com
o coração pesado e a mente perturbada.
Oh, querida, olhe para *mim*!
Por que esperar que o mundo aplauda seus
esforços, quando o público que este mundo
oferece é indiferente?
Você sempre ficará desapontada quando suas
expectativas excederem as consequências.
Deixe o seu público ser o público de apenas um
– o que realmente importa. Em mim,
você é abençoada!

Salmos 63.1-5, 147.3; Isaías 41.10;
Atos 17.28; 1Pedro 2.9

10 de março

Estou alimentando você da minha fonte da
sabedoria. Por isso, pode confiar em si mesma
para falar, porque suas palavras serão como
uma fonte jorrando com frescor, pureza
e uma vida de autoridade.
Confie em minhas palavras, as quais coloco em
sua boca. Eu lhe dei a língua de um discípulo,
com palavras em seu momento
apropriado, para ajudar aqueles que estão
cansados (incluindo você).
Você é despertada por mim todas as manhãs.
Eu a chamo para ouvir de mim.

Provérbios 16.23-24, 18.4; Isaías 50.4;
Lamentações 3.22-23

11 de março

Quando você está na sombra da incerteza, é hora de fazer
uma pausa mais longa do que apenas aqueles curtos
momentos de conversa comigo. Precisamos de um tempo
de *qualidade* juntos, para que seus pensamentos possam
ser conectados com os meus. Quando você dá espaço
aos meus pensamentos durante o seu dia, pelo poder
da minha Palavra escrita, você verá toda a confusão
e toda incerteza se dissolverem, e o conhecimento
e a segurança em mim surgirão em sua vida.
A autoridade da minha Palavra limpa as impurezas,
colocarei na sua vida sabedoria e segurança, no lugar
de ambiguidade e dúvida. Declare sobre sua vida as
palavras de vida que você lê nas Sagradas Escrituras.
Saia da sombra da incredulidade e venha viver
o que você bebe de mim, para permitir que a fonte
da excelência e da sabedoria que jorram continuamente
do meu Espírito possa superar o cálice frágil da incerteza.

1Crônicas 28.9; 1Reis 4.29; Filipenses 2.16;
Tiago 1.5; 2Coríntios 14.33; Isaías 61.7

12 de março

Eu lhe dou a mente de um caçador,
o coração de um poeta, a força de um atleta
e o discernimento de um sábio.
Eu lhe dou a beleza da chuva caindo,
a suavidade do rio correndo, o sol que a aquece,
a graça do sorriso de uma criança.
Encontre alegria em seus momentos, hoje. E faça
esses momentos serem vistos por todos. Ame as
histórias e os mistérios do mundo ao seu redor.
Não há imitações do que eu dou para você.

SALMOS 31.19, 71.17, 107.8; EFÉSIOS 4.8;
ISAÍAS 35.10, 49.13, 55.12; MATEUS 13.34-35, 44

13 de março

Aproxime-se de meu coração e entre em minha
presença para ver quem sou. Você foi criada
para refletir meu Pai e agradá-lo.
Acredite que sou sua recompensa divina,
e amo recompensá-la.
Agora mesmo, acabe com as suas introspecções
cansativas e passe a refletir sobre o
significado de *esperança*.

Receba as bênçãos maravilhosas que estou
preparando para você.
Estou lhe dando tudo de que você necessita
para obter aquela paz que ultrapassa a
compreensão humana, além de contentamento
e alegria. Viva com diversão e risos. Tudo o que
você procura está em *mim*.

2Coríntios 3.5; Filipenses 4.19; Provérbios 8.17;
1Coríntios 3.21-23; 2Coríntios 9.8; Salmos 68.19

14 de março

Esteja em paz com o ontem e olhe firme para
a esperança que ponho diante de você *agora*.
Eu, o seu Senhor, estou bem aqui, mais perto
do que você pensa, estou chamando você,
sussurrando nos ouvidos de sua alma.

Então, muitas coisas em sua vida fazem com
que você fique nervosa e incomodada. Esses são
os dardos hostis que a levam a recuar e recuar.
Quero que você, a partir de agora, se levante
resistente e forte. Eu lhe digo, minha linda:
a sua vida é boa, vou guiá-la em segurança
em meio a cada tempestade. Quando os dardos
inflamados vierem em sua direção, eu estarei
lá para rechaçá-los antes que eles cheguem
a você. Você não vê? Tudo o que vem contra
você, para lhe causar preocupação e tristeza,
eu tomei para mim. Descanse nisso!

Mateus 6.27, 27.31, 35, 44; Filipenses 3.13;
Romanos 3.25, 8.37; Salmos 91.5; 2Coríntios 1.20;
1Samuel 25.28; Lucas 24.20; Isaías 53.4-6

15 de março

Você é dura consigo mesma porque ouve as vozes falsas ao seu redor. Eu lhe digo, minha querida, nunca se deixe ficar para baixo. Ouça a minha voz, pois estou depositando uma nova música em seu coração. Estou trazendo você para o topo de seu destino, onde há de brilhar e refletir a minha glória. A escuridão deste mundo desesperado ficou para trás, e você vai ver a transformação em sua vida.

O mundo que deixou para trás não terá domínio sobre você agora, porque você não aceita mais a influência dele. Você está cantando uma nova música – está andando na liberdade que eu morri para lhe dar. Oh, minha querida, que seja uma linda música!

1João 4.10-12; Salmos 40.3, 96.1; Romanos 6.4; 2Coríntios 5.17

16 de março

Sua mente está muito ocupada com os cuidados desta vida. Pensamentos ansiosos, angústias, aflições, lutas... Tudo isso afeta seu raciocínio. Você não vê tudo claramente quando está chateada; acaba se tornando desconfiada, julga os outros, seu temperamento pode se incendiar de repente – o que, certamente, lhe causará transtornos. Por isso, eu lhe digo: não seja apanhada nas dificuldades de sua própria hora de dificuldade interior. Venha para um lugar tranquilo comigo e me permita acalmar o seu coração ansioso.

FILIPENSES 4.6; SALMOS 37.11, 131.2;
HEBREUS 4.11; ISAÍAS 26.3; ROMANOS 8.6

17 de março

Este não é o momento para perturbar a sua
mente em busca de novos prazeres.
Renda-se a mim, minha querida. Permita-
me abençoar sua difícil vida, elevando sua
consciência para chegar aos meus padrões,
que são mais elevados que os seus. Quero que
pense como eu penso – sempre lhe direi isso.
As pessoas sempre vão decepcioná-la, porque
muitas delas não estão em mim.
Agora é o tempo de você se concentrar em mim
para cumprir o propósito divino em sua vida
e experimentar o que o *verdadeiro*
prazer realmente é.

Salmos 26.2, 119.59; Isaías 26.3; Mateus 22.37;
Romanos 1.28, 12.2; 1Coríntios 2.16; Tiago 4.3

18 de março

Hoje, considere o que é mais importante
em sua vida e o que você pode eliminar.
Procure discernir o que é permanente do que
é temporário, não se curve ao transitório.
Bondade, por si só, é mera bondade – mas os
meus propósitos são maiores.
Dê uma boa olhada no seu dia. Quanto tempo
você ainda vai derramar no colo de sua
autoindulgência? E quanto do seu dia vai
transbordar com uma finalidade produtiva e
alegre para Deus? Há um tempo para trabalhar
e um tempo para descansar de seu trabalho.
Contudo, saiba que, mesmo em seu descanso,
eu estou com você. O descanso é produtivo, e
isso é o que é realmente necessário. Diversões
temporárias são pragas malignas na presença
da glória do permanente.

JEREMIAS 22.13; PROVÉRBIOS 16.3; COLOSSENSES 3.23;
SALMOS 4.8; ROMANOS 6.14; TIAGO 2.26; JUDAS 1.24-25

19 de março

Você é como um jardim. Há uma beleza
especial em seu ser, essa beleza revela a glória
da minha criação. Porém, nenhum jardim
cresce por si só. *Nenhum jardim pode se
desenvolver sem um cuidado apropriado.*
Ervas daninhas e insetos, calor intenso
e tempestades – são muitas as ameaças.
Por acaso, o agricultor dorme durante
as estações de crescimento de suas colheitas?
Ou ele não vigia os tempos e as estações, a
fim de aproveitar o momento certo para a
semeadura e a colheita? E se ele negligenciar
os seus campos, as aves do céu e os roedores da
terra devorarão o que ele plantou.

Você é meu jardim. E, à semelhança dos jardins,
demanda cuidados. Água, adubação, poda
e proteção são necessárias às plantas naturais.
E quanto ao jardim de sua existência? Diga-me,
querida, como você vai nutrir seu espírito hoje?

Salmos 24.1-10; Provérbios 20.27; Jó 10.12;
Josué 1.8; 2Timóteo 2.15

20 de março

Fé é saber que eu a criei para você ser o que
é – e, sabendo disso, você se move para frente,
sempre para frente. Jamais retroceda.
Fé é ousar me questionar, confiante de que
vou responder com amor e que nunca serei
condescendente. Fé é acreditar que, para onde
quer que eu a leve, sempre será por um
motivo *proveitoso.*
A fé é a luz que rompe os longos e escurecidos
corredores que parecem impossíveis de se
atravessar. A fé é o herói triunfante de cada
luta enfrentada, de cada cabo de guerra caótico
e de cada batalha que você vai enfrentar.
A fé é a linguagem que você usa comigo.

2Coríntios 4.7; Mateus 17.20; 2Timóteo2.12-13;
2Tessalonicenses 1.3-4; Hebreus 10.38, 11.1,6

21 de março

Não importa quais circunstâncias você
enfrente hoje, saiba que estou trabalhando
em você. Eu sou por você. Solte os cabos da
ansiedade que parecem estar em volta de seu
pescoço. *Eu estou aqui*, ajudando você, guiando
e protegendo tudo o que lhe diz respeito.
Este caminho que você escolheu para andar
comigo não vai ser fácil em todos os momentos,
minha filha. Você vai enfrentar tempos de
confusão e, até mesmo, de desespero. Nem
sempre é suave seguir após mim, mas esta
é a maior e melhor caminhada da terra.
Levante a cabeça e caminhe com a dignidade
que convém a uma alma tão bonita como a sua.

Salmos 24.7, 31.24; 2Coríntios 5.7;
Isaías 41.10, 43.2

22 de março

Você quer saber o que me agrada?
Eu vou lhe dizer. A fé me agrada.
Quando a observo indo adiante, de boa vontade,
para enfrentar os desafios que coloco em seu
caminho, quando a vejo ir adiante com a bandeira
da fé em arenas desconhecidas, sem a certeza do
resultado à sua frente, me alegro em você.
Eu me viro para os anjos e exclamo: "Viram isso?
Viram a fé de minha amada?" *E nós vibramos!*
Quando seguro em meus braços os fardos das orações
que sobem até a mim, quando beijo cada lágrima que
você derramou e vejo sua paciência enquanto espera
minha resposta, *eu fico tão contente.*
Você nunca vai sentir falta de coisa alguma em sua
vida. Sua fé faz de você uma pessoa completa.

HEBREUS 11.6; COLOSSENSES 1.3-6, 2.9-10;
SALMOS 36.5, 91.11, 103.20; 1TESSALONICENSES 5.24

23 de março

Venha com ousadia diante do meu trono,
minha filha, vamos raciocinar juntos.
Eu estava em minha glória, tendo sido enviado
por meu Pai aos homens, escolhi ser morto na cruz por
você, pois essa seria a única forma de você viver.
A lei natural de causa e efeito diz que o que sobe tem
que descer, também os efeitos ou resultados do mal
são sofrimento, miséria, destruição e morte. Mas
tomei seu lugar para que o pecado não a destruísse.
O seu pecado não fará mal contra você, porque, por
sua causa, *eu me tornei pecado, e porque, por você,*
eu assumi o resultado de todo o sofrimento e de todo
o erro que você, um dia, possa cometer.
O sangue humano que jorrou a partir do meu corpo
tornou-se um banho de absolvição sobrenatural não
só para você, mas para toda a raça humana.

Hebreus 4.16; Isaías 1.18; Romanos 5.21, 6.12, 22-23;
João 3.16; Gálatas 2.20; 1Pedro 1.3

24 de março

Você pode ter certeza de que, não importa o que esteja acontecendo ao seu redor ou em seu mundo, *eu estou acima de tudo isso*. Eu vejo tudo o que acontece no mundo e em sua vida. Vejo cada pessoa que passa por você em seus dias de vida.

Eu sei.

Eu vejo.

Eu ouço.

EU SOU!

Acredite que é por minha causa que todas as coisas existem, tenha certeza de que nada escapa à minha atenção. Ore pelas preocupações do mundo e acredite que você é uma comigo, como minha filha; você possui a autoridade para orar em meu nome sabendo que vou responder. Se você colocar toda a sua confiança no mundo ao seu redor ou em sua própria autoridade independente ou em seus próprios méritos mutáveis ou em habilidades impetuosas, você não terá nada seguro em que confiar. Sem mim, você não pode fazer nada.

Provérbios 3.5; Salmos 51.6, 62.8; João 1.3, 15.5; Êxodo 3.14; Jó 33.4; Apocalipse 4.8; 1Coríntios 3.21, 8.6; Romanos 11.36

25 de março

Meu Espírito a torna *corajosa* – e você precisa
de coragem, minha querida.
Timidez não é uma virtude. (Não há timidez
no céu.) Sou o único a fazê-la corajosa. Em mim,
você pode ter confiança em ir adiante, não
retroceder, sempre com a certeza de que você
é importante para mim e que terá sucesso.

A coragem pode ser gentil, de fala mansa. (Nunca
fui violento ou desagradável enquanto estava na
terra.) Hoje em dia, seja gentil em sua ousadia
e enfrente o mundo com amorosa compaixão,
deixando de lado toda vergonha e medo.

Meu Espírito Santo a eleva, orienta e ajuda.
Seja forte e siga em frente em meu nome –
o nome acima de todo nome. O mundo vai tentar
ameaçá-la e intimidá-la. Por isso, eu lhe digo:
estabeleça limites e defenda o seu território.

NÚMEROS 33.3; SALMOS 18.35, 138.3; MATEUS 28.18;
EFÉSIOS 5.30; ATOS 4.31, 17.26; 1TIMÓTEO 2.5; ATOS 17.26

26 de março

Se você quer ser feliz, seja generosa.
Viva para mim e não para o seu bem-estar
pessoal, você adicionará anos à sua vida. Saia
da defensiva, tenha a coragem de estar errada,
deixe o estresse da sua vida ao pé da cruz.

Você me permite levá-la de um lado a outro
do pântano das águas turvas, atravessando
o lago da insegurança? A alma egoísta é uma
alma oprimida, sufocada e apertada. Dissipe
o egoísmo, minha querida; venha perante o meu
trono, hoje, e obtenha liberdade e felicidade.

SALMOS 37.23, 92.12, 144.15; FILIPENSES 2.3;
PROVÉRBIOS 3.13, 16.20; ROMANOS 8.6-8

27 de março

Quero lhe dar liberdade em troca da cadeia provocada pela raiva acumulada em sua vida. Quero ajudá-la a confiar e remover suas suspeitas de medo. Quero lhe dar um coração aberto, permeável à minha graça.

Estou aqui para

perdoar,

renovar,

revitalizar,

curar.

Hoje, tenha coragem para enfrentar os ressentimentos ocultos que apertam seu coração. Pegue a minha mão e confie em mim para ajudá-la a desenvolver um novo coração. Garanto-lhe que não importa o que já passou e o que tem sido feito contra você – eu posso transformar todas as coisas em bem e adicionar, de volta, tudo o que você perdeu.

Isaías 61.7; Ezequiel 18.31, 36.26; Mateus 6.12; Efésios 1.7; Tiago 5.15; Provérbios 3.5; Romanos 8.28

28 de março

Você é mais que uma vencedora! Venha, agora,
e celebre o nascimento do sol comigo. Venha,
agora, saudar o amanhecer com expectativa,
apaixone-se com a experiência diferenciada
de conquistar mundos impossíveis.

Empunhe a espada poderosa do
Espírito e erga sua bandeira de fé, potente,
para que todos possam ver.
Seja livre hoje!
Voe nas alturas e também vasculhe as
profundezas! Abertamente, mova-se pelas
nuvens. Oh, suba com seus braços abertos:
abertos à vida, ao amor e à criatividade! Hoje,
amada conquistadora, conquiste!

ROMANOS 8.37; SALMOS 55.6, 68.13, 113.3;
JOSUÉ 10.40; EFÉSIOS 3.12, 6.17; COLOSSENSES 2.10

29 de março

Para onde você pode fugir de meu Espírito? Onde você pode desaparecer da minha presença? Se você voar sobre as asas da manhã e habitar nas extremidades do mar, eu estou lá. Se você fizer a sua cama no lugar dos mortos, eu estou lá. Se você diz: "Certamente as trevas irão me cobrir, e a noite será a única luz sobre mim", eu vou ao seu encontro. Eu a formei e a teci no útero de sua mãe. Antes que você tenha sequer tomado forma, eu a conheci. Todos os dias da sua vida estão escritos no meu livro. Seja elevada nas asas do amor hoje. Para sempre, o que você é não será escondido de mim.

SALMOS 139.7-18

30 de março

Hoje, e todos os dias de sua vida, saiba: se os
seus olhos estiverem sem brilho e a sua alma
se desesperar, eu estarei com você.
Eu sou um Deus abençoador, que a ama.
Esteja você na condição em que estiver –
exaltada ou abatida; na fartura ou na escassez;
saudável ou doente, eu estarei ao seu lado.
Eu estou lá na luz do sol e nas sombras. Estarei
ao seu lado em sua juventude e em sua velhice.
Eu a cubro como sua própria pele.
As montanhas da terra irão, um dia, tremer
e desmoronar, mas meu terno amor por
você jamais será abalado. Nem um arrepio,
nem um suspiro, nem apenas uma alteração
ou mudança, porque eu sou um Deus que
a abençoa. Eu amo você, querida.

Salmos 6.3, 16.2, 85.12, 102.7, 139.7-10;
1João 3.1; Romanos 8.35; Isaías 54.10

31 de março

É hora de fazer uma visita ao vale de decisão, porque
você necessita de uma direção. Em qual caminho você
deve ir? Como deve escolher? O que vai fazer? No
vale da decisão é onde você aprende a governar seu
próprio espírito e a compreender que a fonte da vida
é a sabedoria, e não o hábito. No vale da decisão, você
descobre o que é superficial e agradável apenas para
os sentidos, então será capaz de ver como o orgulho
e o medo do fracasso são contrários à fé.
É a fé que conduz à segurança e traz paz de espírito.
A incerteza é a culpada ansiosa que quer roubá-la
das salas de banquetes de sabedoria. Entenda que
a minha vontade é boa e perfeita hoje, pois ela não
está escondida de você. Aqui, no vale da decisão,
a verdade é exposta. A fé e a verdade são suas aliadas
e companheiras na jornada.

SALMOS 25.10, 139.23-24; PROVÉRBIOS 14.12, 29;
JOEL 3.14; ROMANOS 10.17; 2CORÍNTIOS 5.7;
JOÃO 8.32; JEREMIAS 33.6

ABRIL

Porque ele sacia o sedento e satisfaz plenamente o faminto.

Salmos 107.9

1 de abril

A hora é agora.
O que você considerou demora em sua
chamada não são, exatamente, atrasos em
todos os sentidos. Não há atrasos no meu Reino.
Prepare-se para seguir a minha orientação
como seu divino guia e entenda que meus
propósitos se estendem muito, muito além da
visão humana limitada. Você deve confiar em
mim para começar a agir. Você deve se ver
como um *membro efetivo do meu Reino*.
Ninguém é chamado como um profeta solitário
hoje. Eis que chamo pessoas para anunciarem
o Evangelho. Estou, estrategicamente, reunindo
e chamando os santos para, juntos, revelarem o meu
amor ao mundo. Nem olhos viram, nem ouvidos
ouviram as coisas que prepararei para essa hora!
Em seu próprio zelo e ambição, você teria ido
à frente ferindo pessoas sob o disfarce de cura;
sua vaidade a teria devorado. Agora, embebida
com sabedoria sagrada e tempo, você vai
vencer como uma campeã do Reino.

MARCOS 16.15; MATEUS 28.20; 1PEDRO 3.15;
PROVÉRBIOS 11.30; APOCALIPSE 22.14; SALMOS 23.6, 92.14

2 de abril

Eu desço e salvo todos aqueles que invocam meu nome. E você, cara amiga, veio a mim humildemente e me entregou a sua vida. Agora, você tem a confiança de que está salva daquelas coisas que poderiam ter ferido e, até, destruído a sua vida. Agora, você é minha. Você é nascida de novo em seu pensamento, em suas escolhas, em suas atitudes, em sua mentalidade e em sua personalidade. Vou salvá-la das escolhas erradas. Vou salvá-la das amarras do ontem. Este é um novo dia para você; viva-o, pois, plenamente.

João 3.16; Colossenses 3.2; Efésios 2.2; Salmos 84.10, 118.24

3 de abril

Eu, por acaso, já a abandonei?
Nunca!
Portanto, pare um momento e abra os olhos
do seu espírito. O que é e onde está a fonte da
celeste segurança que rodeia você? Quem é
aquele cujos braços a envolvem e a protegem
contra as forças das trevas que tentam agarrar
seus calcanhares?

O que é esta rica e resplandescente proteção
que a abraça agora, enquanto você lê estas
palavras, com uma glória que o olho humano
mal pode suportar? Querida, você está envolta
em minhas vestes.

Salmos 9.10, 121.1-2; Isaías 61.10, Zacarias 13.4

4 de abril

Estou lhe dando um renovado sentido de propósito a partir de agora. Por isso, *não viva como se você ainda pertencesse ao mundo.*
Estou elevando-a até uma alta posição em meu Reino, isso significa um renovado compromisso de sua parte. Não se detenha mais nas amarras dos embaraços e perseguições mundanos. Seja perfeita, como o Pai celeste é perfeito, você será santa, sendo moldada pela minha palavra, pela qual será transformada em minha própria imagem.

Estou constituindo um padrão mais elevado para você viver e se aproximar de uma experiência mais profunda no meu Espírito Santo. Sua vida receberá uma nova vitalidade e um brilho celestial para refletir a personalidade do Senhor.
Você não aceita mais os velhos, impuros e profanos sentimentos e pensamentos como se fossem normais, porque minha presença é mais real para você do que qualquer coisa no mundo material. Agora, seu padrão de vida e o meu estão unificados.

1João 3.2; 1Pedro 1.14-16;
Romanos 12.2; 1Coríntios 6.17

5 de abril

O que me agrada é um coração feliz. Eu lhe
darei confiança diante do perigo.
Eu lhe darei a força do meu poder.
Vou trocar suas débeis capacidades e
habilidades pelo poder da minha força, para
que você se torne forte! Isso deve fazê-la feliz.

Hoje, eu a chamo para levantar suas mãos
inertes, para reforçar seus joelhos trôpegos e para
reavivar o seu espírito. Isso deve fazê-la feliz.
Sou *tudo o que você precisa* para obter poder,
amor, uma mente sã e um coração feliz.
Receba as riquezas infinitas de seus benefícios
em mim e decida ser feliz hoje.

Efésios 6.10-12; Salmos 103.1-5, 144.15

6 de abril

Não há maior recompensa nesta vida
do que a minha aprovação.
Quando você quer reconhecimento, venha a mim
em primeiro lugar. Não vá atrás somente da
aprovação do mundo, ou da família, nem mesmo
dos outros crentes. Vou lhe dar muito mais do que
você pedir – apenas clame a *mim*. Sou o doador de
recompensas eternas. O mundo pode reconhecê-
la pelo que você fizer – todavia, eu a reconheço
por quem realmente você é. Hoje, no meu olhar
vigilante e amoroso, seja quem você é.
Eu amo você!

SALMOS 18.20, 33.18; JEREMIAS 31.3;
PROVÉRBIOS 13.13; HEBREUS 10.35, 11.6; JOÃO 1.12;
FILIPENSES 2.15; 1JOÃO 4.4

7 de abril

Quando você é ferida, roubada ou traída,
não adianta tentar esconder o ressentimento
ou enterrar sua dor e sentimentos de raiva
por trás de um sorriso pálido e um encolher
de ombros indiferente – sua aflição chega a
conturbar seu coração e faz cair a sua face.

Permita-me acalmar sua tempestade interior.
Dê um tempo para que eu possa curá-la
completamente e derramar o bálsamo do meu
Espírito sobre as feridas de sua alma.
Eu estou aqui para amar você! Por isso, posso
assegurar que a sua dor não vai durar.
Vou vê-la superar tudo isso.

Salmos 30.2, 46.10, 51.17; Hebreus 12.15; João
4.10; Marcos 4.39; Jeremias 17.14; Judas 1.21

8 de abril

Minha filha, não confunda humildade com timidez. *A timidez não é um dos meus atributos.* Meu Espírito é aquele que lhe confere coragem e ousadia, porque estes são atributos meus. Você está preenchida com o meu Espírito – e, portanto, a timidez e o medo não são parte de sua nova natureza. A fé é a sua bandeira, seu escudo, sua amiga. A fé deve ser ousada, nunca enfraquecida. A fé lhe dá poder para levar adiante o que é atualmente inexistente! Sua fé traz suas esperanças para a vida!

Por isso, não seja tímida, nunca tenha vergonha de suas necessidades nem das necessidades daqueles por quem você um dia orar. Venha, deixe-me ouvir de você. Deixe-me contemplar sua coragem e ousadia em fazer a minha vontade, proclamando a minha Palavra e as minhas promessas.

1Coríntios 16.13; 2Coríntios 3.12;
Filipenses 1.20; Hebreus 10.19; 1João 4.17

9 de abril

Você me chama, e meu coração compassivo se
abre para você. Você pergunta, e a minha mão
doadora alcança sua vida de uma maneira
muito mais intensa do que você pediu.
Eu sou um Deus abençoador, minha querida.
Por isso, hoje, estenda suas mãos a mim,
para aceitar as inúmeras bênçãos e orações
respondidas e aquelas que ainda lhe serão
concedidas. Você pode manter o que é seu, mas
deve dar a honra e o louvor apenas a mim.

Salmos 63.4, 86.15; João 17.22; Provérbios 3.9-10

10 de abril

Querida, você está prestes a florescer.
Você está pronta para chegar adiante, com
uma nova unção e autoridade no meu Espírito
Santo – algo diferente de tudo que você
já experimentou no passado.
Sabedoria e alegria, agora, brotam de seu interior
como uma fonte forte e límpida que corre
e transborda ao chegar a estação das chuvas.
A luz do sol ilumina o seu caminho. Seja
confiante e forte – este é apenas o começo.

Jeremias 29.11; Efésios 1.19;
Provérbios 3.4; Isaías 58.8

11 de abril

Você é um canal de bênção para mim e não há limite para o que eu posso fazer por intermédio de você; portanto, não imponha quaisquer restrições ou limites sobre os meus propósitos ou habilidades. Nem por um minuto, duvide do que posso fazer em sua vida.

Eu fiz com que toda a graça abundasse sobre você, para que, assim, você possa ter meios suficientes para fazer bem feito tudo o que lhe derem para fazer. Nada lhe falta!
Eu a adornei com belos dons e talentos para ajudá-la a cumprir o seu magnífico propósito no mundo. Entenda que, se estiver em mim, você poderá superar obstáculos considerados intransponíveis.

2Coríntios 9.8, 10; Daniel 12.3;
Mateus 5.14-16; Lucas 18.27

12 de abril

Você tem a mente de uma aluna, em sua
busca para acumular sabedoria natural
e conhecimento do mundo. Em seus caminhos,
jamais negligencie o conhecimento espiritual,
que é superior e que vem da minha fonte.

Assim como você pode receber instruções
e diplomas das escolas e professores, não se
esqueça das *salas de aula* do Todo-poderoso,
os santos laboratórios, as palestras, os exercícios,
os ensaios e exames, porque em mim você
nunca para de aprender. A formação espiritual
é um processo que jamais termina.

2Timóteo 2.15; Provérbios 3.5, 14.6;
Efésios 4.14-15; João 6.27; 1João 5.11

13 de abril

Eu sou mais poderoso do que presidentes e reis,
mais influente do que os megaempresários
e bilionários, mais sábio do que os mestres
e líderes deste mundo. Por intermédio de mim,
tudo é realizado. Por intermédio de mim,
as estrelas ficam suspensas nos céus.
Eu criei os mundos.
Por intermédio de mim, uma nova natureza
e uma nova personalidade nasceram em você.
Seja feliz e se alegre na pessoa que você é.
E você é minha! Hoje, querida, caminhe com
a certeza de sua vocação em mim.

1Coríntios 8.6, 15.28; Colossenses 1.16;
Salmos 19.1-11; Hebreus 3.1; Efésios 4.1

14 de abril

Hoje, quando os desafios surgirem em seu caminho,
confie em mim. Quando você confia em mim,
pode enfrentar cada desafio de cabeça erguida,
ouvindo a minha orientação perfeita, sem falhas.
Medo e confusão estarão longe de você.
Não há um desafio qualquer na terra com o poder
de derrotar ou acabar com você, porque eu estou
no comando da sua vida hoje. Você tem o poder de
transformar todos os contratempos em vitórias,
todos os ataques em conquistas. O Espírito Santo,
dentro de você, capacita-a para subir aos lugares
mais altos, para conquistar vitórias em meu nome,
para abalar o mundo com a minha Palavra. Sou
aquele que transforma todas as coisas para o seu
bem. Quando orar, pergunte o que é melhor para
o meu Reino, e não para você. Busque esse Reino
em primeiro lugar, e todas as outras
coisas lhe serão acrescentadas.
Enfrente os desafios com coragem. Respostas e
soluções estarão dentro de você, pelo meu Espírito.

João 14.16-17, 17.7, 13; 1Coríntios 14.33;
Tiago 3.16-18; Mateus 6.33; Romanos 8.31, 35-39;
Apocalipse 2.3; 2Pedro 1.10-11

15 de abril

Minha graça abundante lhe proporcionou muitas bênçãos, e sua vida é enriquecida com muitos presentes. Eu lhe dei talentos para multiplicar, para que você possa ser um canal de bênção e prosperar em tudo o que faz. Nunca dependa de circunstâncias ou tendências deste mundo; dependa, unicamente, de mim. Minha plenitude em sua vida vai transbordar, você irá tocar e ajudar os outros.

Salmos 112.5; Efésios 6.24; 1Timóteo 4.14; Provérbios 28.25; 1Coríntios 12.4

16 de abril

Não se assuste com os problemas que a cercam hoje.
Abra sua mente para uma visão divina no
lugar das irritações e preocupações.
Eu sou seu Mestre celestial e lhe digo: tome
o meu jugo sobre você, e aprenda de mim.
Tenho muitas coisas escondidas ainda para
lhe revelar. Tenho muito conhecimento
para compartilhar com você – e tenho muitas
portas abertas para que você entre. Querida
filha, no mundo sempre haverá perturbações,
mas eu sou tudo de que você precisa.

Lucas 8.10; Mateus 11.29-30;
João 10.7, 16.33; Romanos 8.32

17 de abril

Já providenciei uma grande luz para iluminar a sua alma. Transferi você para fora do reino das trevas e lhe dei um lugar permanente no Reino de luz. Eu a livrei da vergonha. Eu a salvei de seus pecados e tirei o pesado fardo de seus ombros.

Estou tirando você, agora, para fora da obscuridade e vou guiá-la com graça e integridade. Hoje, pense em você como uma nova pessoa: uma pessoa capaz de grandes coisas.

ROMANOS 5.8; EFÉSIOS 2.8-9; COLOSSENSES 1.13; 2CORÍNTIOS 5.17, 9.8; ISAÍAS 60.1

18 de abril

Quando você me chama, eu respondo. Eu sou o começo e o fim de todas as coisas, o autor de toda a vida e a origem de todo bom pensamento. Eu conheço o seu pensar, o seu levantar e o seu deitar. Não há nada que você possa esconder de mim. Eu conheço suas verdadeiras necessidades. Quando recua e se retira, você fica vulnerável à tristeza e atrofia sua mente. Assim, seus pensamentos tornam-se mesquinhos e mundanos.

Quero lhe mostrar coisas grandes e firmes que você sequer considerou ainda. Desejo que você renove a sua maneira de pensar, para, um dia, chegar a pensar como eu penso. Quando você me chama, eu respondo. Agora, pense no que você tem me pedido. Peça-me o que quiser, mas observe os meus propósitos para a sua vida. Você não acha seus pedidos muito pequenos?

Isaías 41.10; Jeremias 33.3; Mateus 21.22

19 de abril

É hora de se preparar. Seu futuro está em
minhas mãos, e bem distante de sua visão estão
coisas maravilhosas por vir, as quais
você ainda não conhece.
Você não terá que esperar muito tempo,
pois minhas bênçãos estão a caminho. Estou
fazendo um trabalho para que você possa, por
enquanto, resistir aos dardos inflamados do
diabo. Respire o poder da minha Palavra
e prepare-se para avançar!

JEREMIAS 29.11; DEUTERONÔMIO 31.6;
SALMOS 18.30; 1PEDRO 4.12-13

20 de abril

A fé é a chave para experimentar
bênçãos inesperadas.
Exerça o poder de sua fé e espere que sua
oração seja respondida. Espere o melhor de
mim. A fé opera de uma maneira completa,
e as bênçãos serão como gotas de chuva sobre
a terra ressequida. Querida, quero que você saiba
que a fé é testada por desafios e por bênçãos!
Derramarei bênçãos e as orações serão
respondidas de acordo com sua fé.
Sei que a minha mão estará sempre sobre você,
para que todos possam ver e observar.
À medida que sua fé se amplia e amadurece,
vou surpreendê-la com o inesperado.

1Samuel 12.24, 26.23; Provérbios 10.22;
Gênesis 1.22; Mateus 9.29, 14.14-21; Efésios 3.20

21 de abril

O que faria se eu lhe dissesse que a vida que você tem agora é muito boa, mas ainda pode ficar bem melhor? E se eu lhe revelar que já chegou a sua hora de brilhar? Isso mudaria sua maneira de pensar?

Você vai me louvar e me agradecer por isso? Você vai se alegrar, agradecer e se apaixonar por todos os aspectos da sua vida? Será que você valorizará mais profundamente as pessoas que eu coloco em sua vida? Você conseguirá ver o sol nascer e se pôr com novos olhos? Será que as tarefas do seu dia irão ser percebidas por você como uma santa vocação, em vez de um momento transitório de lutas, enquanto espera por um futuro melhor? Querida filha, é hora de contar suas bênçãos; é hora de ser grata.

PROVÉRBIOS 3.13; SALMOS 100.4, 144.15; 1TIMÓTEO 6.6; FILIPENSES 4.11; 1CRÔNICAS 16.8

22 de abril

Levante-se, querida, e receba da minha
Palavra o rumo certo para sua vida.
Quantas madrugadas você vai perder, deitada
na cama enlameada da preocupação? Seus
problemas, eu os dissiparei como insetos
assustados quando você os colocar na luz
ofuscante da minha Palavra.
Hoje, eu a estou desafiando a conduzir suas
palavras de lamentação ao lado das *minhas*.
Sua vitória é aqui.

CÂNTICO DOS CÂNTICOS 2.10;
ISAÍAS 33.10, 61.7; JOÃO 10.10

23 de abril

Conheço as suas preocupações e o que se passa
em seu coração. Você está orando por seus
entes queridos e deve entender que ouço tudo,
porque eu os amo mais do que você. Console-se.
Não vou deixá-la ser derrotada nem vou abrir
mão de seus entes queridos. Estou fazendo
um trabalho maior do que você sequer pode
imaginar. Amplie a sua visão e proclame a
minha Palavra aos seus entes queridos.
Vou manter seus familiares e apresentá-los na
presença de meu Pai – e eles vão me adorar.
Veja através dos meus olhos de misericórdia.
Ame cada um deles e confie em mim.
Confie em minhas promessas.
Suas orações são como montanhas de ouro, em
sua deslumbrante variedade e brilho, que se
estende muito além de sua percepção limitada
e tocam mais vidas e situações do
que você jamais saberá.

Josué 24.15; Isaías 65.22-23, 61.9, 66.22-23;
Jeremias 32.38-39; Atos 2.39; Salmos 9.10; Judas 1.24

24 de abril

Hoje, jogue para longe todos os seus medos. Você
pensa que não é boa o suficiente; que não tem
a vitalidade necessária; que já não tem a idade
apropriada... Em tantas coisas, você se acha *fraca*
e *incapaz*! Mas você é suficiente. Você é *exatamente*
o suficiente neste momento para cumprir
exatamente o que foi chamada para ser e fazer.
Não atrase a chegada de suas bênçãos, dizendo-se
incapaz. Eu sou tudo de que você precisa.
Hoje, eu a estou equipando com *mais do que*
o suficiente, de modo que você seja corajosa
e siga em frente, com confiança para ser
a bênção que você nasceu para ser!

1Coríntios 4.8, 16.13; 2Coríntios 12.9;
Salmos 27.14; Jeremias 31.3

25 de abril

Hoje, quero que você se lembre de que seu
corpo é o templo do meu Espírito. Portanto, me
entregue seu corpo como um sacrifício vivo,
não se conformando com as coisas do mundo.
Seu corpo é meu templo, e você está vivendo
nele como uma locatária privilegiada.
Mantenha-o bem cuidado, brilhante
e bonito para mim!
Deixe que sua mente seja renovada e que
as suas afeições sejam cuidadas por mim.
Cuide bem do meu templo!

ROMANOS 12.1; 1CORÍNTIOS 6.19

26 de abril

As tempestades da vida podem afetar todos ao seu redor, mas não se estresse com a agitação que elas trazem; simplesmente, lembre-se daquele que acalma a tempestade. Sei como lidar com as tormentas, porque sou eu que controlo todas elas! Por que você não fica na palma da minha mão para se sentir mais confortável?

Venha agora mesmo!

Sim, filha minha, eu fiz um lar para você aqui na palma da minha mão. É um erro pensar que eu sou aquele que ajuda os que se ajudam. Sou aquele que ajuda os que não podem ajudar a si mesmos. Portanto, permaneça ao meu lado. Comigo, a tempestade vai passar, e você estará segura. Aquele que controla as tempestades está tomando conta de você agora.

Salmos 78.53, 89.3, 107.29; Isaías 49.16; Jó 26.12; Lucas 8.23-25

27 de abril

Minha voz a incentiva e a capacita com bênçãos continuamente, mas o bater insistente e o ruidoso barulho da preocupação abafam o som da minha voz. A preocupação é como um martelo que bate em seu cérebro e atormenta a sua mente. Quando você se preocupa, o ruído de seus medos prejudica e atrapalha a perfeição suave de seus ouvidos e você não pode ouvir a minha voz com clareza. Sim, a preocupação é como um espaço confuso: as coisas se amontoam pelos cantos e já não se vê com clareza a passagem. Abra seus ouvidos, jogue o lixo da preocupação para fora e escolha pensar meus pensamentos a partir de hoje.

Isaías 26.4; 2Timóteo 1.7

28 de abril

Eu sou o Senhor que a cura. Os problemas *não*
prevalecerão sobre você. As agonias de medo, ira,
ciúme e raiva não têm mais lugar à mesa que
preparei para você. Ao contrário – minha mesa está
posta com a cura, a plenitude, a paz e a alegria.
Na minha mesa, há sempre delícias para a alma
e alimento para que seu corpo seja restaurado
e curado. Hoje, seja renovada e se levante!
Permita-se relaxar na atmosfera doce do amor
completo e da aceitação sempre presente na
minha mesa abundante. Nela, não há nada
perdido, e nada falta. Permita que a minha paz
possa enchê-la a partir de agora.

Êxodo 16.26; Salmos 23.5, 103.1-5, 147.3;
Isaías 26.3, 58.8; Efésios 1.3; Romanos 5.1

29 de abril

Se você se sente perdida quando confrontada com a ameaça da mudança e seu senso de segurança é desafiado, compreenda que você não pode perder algo que está solidamente fixo dentro de si. A mudança pode ser difícil; mas, quando você a experimenta comigo, verá que *o que está dentro de você é permanente*. Normalmente, *toda mudança é temporária*. Porém, fé, amor e verdade são atributos do céu – e esses, você não pode perder por meio de mudanças de circunstâncias. Meu Espírito em você não vai fugir nem tornar-se outra coisa. Eu a estou levando para uma nova aventura de fé, minha querida. Não tenha medo!

MATEUS 17.5; ROMANOS 5.3-4; ISAÍAS 12.2; TIAGO 1.17; HEBREUS 13.8

30 de abril

É hora de acordar e começar a viver,
minha querida!
É tempo de tirar as vestes de pranto da alma
e partir para a colheita. Você vai criar grandes
coisas simplesmente por estar acordada
e vivendo em meu propósito.
Não é mais hora de vacilar ou voltar atrás.
É momento de se levantar; e, mais do que isso,
é hora de refletir o *brilho* celeste!
Venha e deixe-me iluminar você de dentro
para fora, para que a sua luz brilhe neste
mundo escuro e triste.

EFÉSIOS 5.14; ROMANOS 13.11-12

MAIO

Seja a atitude de vocês a mesma de Cristo Jesus.

FILIPENSES 2.5

1 de maio

Este mês, remova de sua mente todos os pensamentos de fracasso. Um espírito fraco irá engolir a sua dignidade como a areia absorve a água. Estou aqui para prosperar sua alma com integridade, plenitude, direção clara e obstinação.

Quero que você dance no topo das montanhas, cantando as canções de anjos. Meu propósito para você é que tenha lugar à mesa com reis e príncipes. Quero a sua boa consciência para recompensá-la, então você não terá vergonha de ficar diante do calor forte do sol no verão. Muitas vezes, o que você considera uma falha é apenas mais um passo em direção ao objetivo de seu mais alto chamado em mim!

ISAÍAS 54.17; SALMOS 31.24; HEBREUS 10.38; 2CORÍNTIOS 12.9; FILIPENSES 3.14

2 de maio

Você nasceu para voar como a águia, que sobe
às alturas, além das nuvens. Sem o poder da
minha Palavra, contudo, você está presa à terra,
agarrada e oprimida por suas queixas e tentativas
fúteis de voar. Proclame, hoje, com autoridade:
"Posso todas as coisas naquele que me fortalece."

Enfrente as forças negativas que querem
retê-la e mantê-la derrotada, lutando como
um pássaro ferido que não consegue alçar voo.
Sim, proclame o poder da minha Palavra
em sua vida e no mundo.

Salmos 119.11; Isaías 40.31;
Filipenses 4.13; 1Tessalonicenses 5.17

3 de maio

Não se contente apenas com cinzas, quando eu lhe dou a beleza. Não faça a sua cama na vergonha, já que eu a perdoo de todo pecado. Livremente, você recebeu o melhor das minhas mãos; agora, dê de graça. Hoje, seja como o agricultor que lança a sua semente no chão molhado e fértil e, então, espera por ela para germinar, crescer e multiplicar-se.

Dê um passo sábio e calculado à frente e semeie para si e para os outros. Seja generosa com aqueles que precisam de alguma forma, sem medo de perda e sem medo de seu futuro. Eu sou a sua garantia de que nada lhe faltará. Apenas, permaneça na minha presença. Tenho muito para lhe dar a partir de sua fé, não de seu bolso. Quando você dá, eu, de maneira sobrenatural, faço a multiplicação.

Isaías 61.3, Eclesiastes 11.1; 2Coríntios 9.6-8; Mateus 6.20-21; Ezequiel 36.29

4 de maio

Eu me preocupo com você e estou com meus olhos sobre
suas atitudes, mesmo quando ninguém a está vendo.
Você não pode ser feliz sem um bom caráter; sucesso
e felicidade duradouros serão sempre uma meta a
alcançar e pelos quais se tem de lutar bravamente.
Você não é chamada para viver algo que vale
menos do que uma vida plena.
Tudo depende do que você faz com o tempo e com
o que eu lhe dei. Você vai estudar para se mostrar
aprovada por mim ou vai encher suas horas com
atividades vazias, que só a fazem envelhecer,
mas sem sabedoria? Você vai me deixar dirigir
os assuntos da sua vida? Eu digo que, se você me
permitir lhe ensinar o caminho mais elevado,
sempre a guiando com sabedoria, então você subirá,
será bem-sucedida e ricamente nobre, dotada de
um caráter mais precioso do que o ouro.

Josué 1.8; Filipenses 1.10; Romanos 5.3-4, 14.17-18

5 de maio

Eu lhe dei um dom para ajudar os outros, mas você não fez nenhum esforço para seguir em frente, cumprindo o seu chamado. Pare de pensar em si mesma como fraca e improdutiva, pois a estou capacitando para fazer grandes coisas. Você vai me questionar? Conheço a sua capacidade e sei de suas limitações físicas. Conheço as suas responsabilidades e todas as suas necessidades. Nem todos os meus presentes são adequados para todos os meus filhos; por isso, eu os distribuo de forma adequada a cada um, e sempre de maneira diferenciada. Se você sente que falta a força ou a coragem para cumprir fielmente o seu chamado, peça minha ajuda. Meu Espírito Santo está no centro de cada ministério de quem é chamado pelo Pai. Você pode ter certeza de que terá todo o poder e coragem que precisa para cada tarefa que eu lhe der.

1Coríntios 1.7, 26-27, 12.4, 6-7; Romanos 12.6

6 de maio

Lembre-se, eu sou o seu Senhor nas primeiras horas da noite, bem como nos momentos mais claros do dia. Estou no controle de cada hora de sua vida. Sou o que lhe provê a luz e nenhuma escuridão irá desgastá-la. O diabo não tem autoridade para insultá-la ou amedrontá-la. Sou Senhor de todas as horas – as do dia e as da noite. Mesmo na noite escura da alma, eu estou lá. Eu dissipo as trevas! Portanto, não tema a noite. Você pode dormir em paz.

Gênesis 1.3; Salmos 74.16, 91.6; Jó 12.22, 22.28

7 de maio

Eu lhe dei o tempo como presente. Lembre-se,
eu não vivo no reino do seu tempo, por isso
é importante que as horas do seu dia sejam
tratadas como presentes sagrados.
O seu sucesso depende do que você faz com
o tempo que lhe concedi. Posso lhe mostrar como
poupar tempo e usá-lo da melhor forma. Posso
lhe mostrar como fazer cada momento valer
a pena, de modo que você não o desperdice
com as coisas triviais da vida.
Posso lhe mostrar como não ficar esgotada; pois,
se você se esgotar, no fim, não receberá nenhuma
recompensa e verá que seus objetivos não foram
alcançados. O tempo existe, principalmente, para
servi-la. Permita-me gerenciar seu tempo e veja,
em sua vida, a minha ajuda e a orientação que
só eu posso dar para que você trabalhe melhor
e obtenha melhores resultados.

SALMOS 31.15, 90.4; JOÃO 1.18, 7.6

8 de maio

Não há momentos perdidos quando você
cumpre minha vontade em sua vida.
Tudo é perfeito em meu tempo. Não há promessas
esquecidas no meu Reino. Nunca há um único
momento perdido. O tempo não pode se desviar
de mim; eu é que o tenho em minhas mãos.
Pense em si mesma, em termos de existência
de um relógio imortal, que nunca apresenta
algo "tarde demais". Nem uma única hora se
passa sem ser reconhecida por mim. EU SOU
DEUS! Eu tenho o poder sobre todos os tempos
e controlo tudo. Lembre-se disso hoje,
e renove a sua fé em mim.

Salmos 31.15, 37.18, 90.4-5;
Eclesiastes 3; Êxodo 15.18, 23.26

9 de maio

Minha filha, traga suas feridas até mim. Há tantas coisas que a machucam e você não entende o porquê. Lembre-se de Davi, na Bíblia, que não conseguia entender por que os maus prosperavam e por que eu não os eliminava logo. Agora, você está se perguntando a mesma coisa: por que permito que pessoas boas se machuquem? Querida, as pessoas más vão continuar a fazer o que lhes é próprio, mas me deixe assegurá-la de que, quando a cortina desce, eu estou ali para acertar tudo. Deixe-me enxugar suas mágoas, mesmo que você não entenda tudo neste momento. Tenho algo melhor para você – muito melhor do que você jamais pediu ou pensou.

Salmos 23.4; 73.16-17, 94.19, 119.50; Mateus 11.28; Provérbios 10.27-28; Joel 2.25

10 de maio

Eu estou no controle de todas as coisas em sua
vida. Estou no controle, seja diante do que é
fraco ou forte, ganho ou perda, doce ou vil.
Estou no controle durante as estações mais
sombrias da sua vida, aquelas em que você não
pode ver sequer a estrada à frente.
Eu estou lá, e no controle.
Não sou como os ídolos dos homens, que têm
olhos, mas não veem; têm ouvidos, mas não
ouvem; têm mãos, mas não tocam. Nada escapa
da minha observação aguçada. Eu sei de tudo,
vejo tudo, ouço tudo – EU SOU tudo!
Que a luz do meu amor brilhe em
sua alma neste dia.

2Samuel 7.22; Salmos 31.3, 139.10;
Êxodo 3.14, 6.2, 13.21

11 de maio

Venha comigo e ouça com ouvidos santos. Você sabia que falo por mim mesmo? Sim, eu falo por mim mesmo. No começo, criei tudo com uma simples ordem: "Exista!" E vi que toda a criação era muito boa. Céus e terra me ouvem e reconhecem a minha voz, pois tudo é *meu*.

Meus profetas conheceram meus pensamentos e me ouviram falar. Moisés falou comigo face a face – e esteve comigo no fogo, no trovão, nos relâmpagos, na montanha que soltava fumaça. Em tudo isso, ele me ouvia perfeitamente. Meu servo Jó me ouviu falar em um redemoinho. Elias esteve na minha presença por meio de um tornado, um terremoto e um incêndio. Hoje, no silêncio amoroso do seu coração, seus ouvidos vão, suavemente, ouvir a minha voz. Vou abrir as câmaras secretas dos meus pensamentos para você. Basta que você tranquilize sua mente e acalme o seu coração.

GÊNESIS 1.1-2.25; ÊXODO 20.18-20; 1REIS 19.11-13; SALMOS 46.10, 91.1; 119.63; ROMANOS 8.14

12 de maio

Cada promessa minha é estabelecida no céu,
eternamente, e vai se cumprir.
Quando eu decreto uma ordem, certamente
ela será cumprida. Quando eu estabelecer um
comando, nenhum ser humano, ou demônio,
poderá suportar meu poder. Eu ordeno uma
bênção para sua vida, agora. Sempre faço
minhas bênçãos virem à existência. Eu declaro
que, neste dia, você é minha.
É minha vontade que você cumpra
os propósitos divinos em sua vida e realize tudo
o que preciso de você – e muito mais!

Salmos 73.23-24; Hebreus 6.12-14; Efésios 1.3;
Atos 1.8; Colossenses 3.23-24

13 de maio

Não se preocupe. Eu estou guiando sua vida.
E estou lhe mostrando que caminho seguir.
Sou seu divino conselheiro; o meu Espírito
Santo está bem ao seu lado, guiando-a
e gentilmente a aconselhando acerca das
melhores medidas a serem tomadas neste
momento. Você está sendo habilitada para agir
com sabedoria e integridade divinas.
Portanto, mantenha seus olhos em mim,
sabendo que o meu poder é ilimitado e que a
minha misericórdia é sem medida. Você é uma
poderosa guerreira no meu exército, e eu a ungi
e abençoei para esta hora de decisão.

PROVÉRBIOS 6.22-23; SALMOS 37.23; LUCAS 12.12;
JOÃO 20.22; EFÉSIOS 5.17; JOSUÉ 1.18

14 de maio

Sim, sei que o mundo está cheio de pessoas
gananciosas e egoístas que querem conseguir
o que intentam a qualquer custo. Mas você,
querida, não é como eles. Eu lhe digo: levante
seus braços em direção ao Consolador, eleve
seus olhos para o céu e louve o meu nome.
Tire os olhos dos que praticam a iniquidade,
se surpreenda em mim e se encante
com as maravilhas que faço.
Trace uma meta para ver além do óbvio, viver
além do normal e acreditar além do possível.
Caminhe a milha extra e experimente o meu
poder milagroso em tudo que você fizer.

Tiago 4.4; Filipenses 3.18-19; 2Coríntios 1.4;
Hebreus 2.4; Salmos 84.11; Mateus 5.41; Provérbios 3.4

15 de maio

Entendo a dor da rejeição. Eu vim ao mundo para abençoá-la e salvá-la, fui rejeitado e morto. Vim ao mundo para mostrar uma maneira melhor de se viver e acabei sendo condenado por causa do meu amor. Vim para os meus, mas os meus não me quiseram. Fui jogado fora e crucificado. Quando é rejeitada, você compartilha comigo de meus sofrimentos. Os que sofrem comigo irão, da mesma forma, reinar comigo. Não estranhe, portanto, o fato de ser, eventualmente, rejeitada. O servo não é maior que seu senhor. Eu possuo um tesouro de bênçãos com o seu nome gravado nele. Essas bênçãos, cuidadosamente selecionadas por mim apenas para você, vão mais do que compensar a sua dor. Levei o seu desapontamento, sua angústia e sua dor em meu corpo, na cruz. Por isso, a rejeição perdeu seu poder sobre você. Identifique-se com a dor que sofri por você e seja forte. Você e eu compartilhamos uma intimidade rara e bela.

Mateus 27.35; 2Coríntios 4.9-10

16 de maio

Sua maior tentação não é aquela que solicita
o seu consentimento para o pecado óbvio,
mas a que lhe oferece o mal sob o disfarce
de algo que parece ser bom. Quero que você
seja sábia e remova a confusão que muitos
de meus seguidores vivem entre a piedade
e a ingenuidade. Boas ações nem sempre são o que
parecem; elas podem levá-la para onde não
a chamei e para estar com pessoas entre
as quais não a coloquei.
Não quero que você seja enganada pela
aparência do bem e pela gratificação
temporária. Tenho algo muito melhor para
você! Minha sabedoria e meu discernimento
irão guiá-la no que é permanente e abençoado.

PROVÉRBIOS 13.10; ECLESIASTES 2.13;
JOÃO 16.13; TIAGO 1.5

17 de maio

Quando você está em uma encruzilhada,
no auge da indecisão, examine cuidadosamente
as implicações de suas escolhas.
O primeiro caminho é coberto com padrões
antigos, marcado pela nostalgia e pelos valores
e sentimentos que já se foram. O segundo
caminho acena com um futuro protegido por
algo ainda desconhecido. O caminho solitário
e mais simples, com poucas recompensas, exige
que o coração seja humilde. É o caminho de
sacrifício, regado com lágrimas – este
é o mais abençoado.

Palavras de *aprovação* vindas do meu trono
são mais sublimes do que a própria vida.
O caminho estreito, marcado pelos espinhos
e coberto pelas orações, é o melhor para
aqueles que mais amam.

JEREMIAS 6.16; JOSUÉ 24.15;
HEBREUS 10.23; EFÉSIOS 3.12

18 de maio

Você pode chorar todas as suas lágrimas
e fazer um lago com elas. Será um lago salgado,
sem vida. Mas se você ofertar essas lágrimas
a mim, eu farei desse ajuntamento de águas
um lago doce, no qual você poderá navegar
a cada oração respondida.
Não use suas lágrimas como uma arma ou um
prenúncio de desgraça. Deposite cada uma
delas aos meus pés, como uma oferta de amor.
Quem sai chorando enquanto semeia voltará
com júbilo, trazendo os seus feixes.

Isaías 25.8; Salmos 56.8, 102.17, 116.8, 119.159

19 de maio

A solidão não é tão terrível como se diz, querida filha. Meu chamado para você inclui uma certa quantidade de solidão. Mas, também, a separação do pecado e o afastamento dos prazeres mundanos que murcham o coração e secam o espírito. Você é minha escolhida; os velhos, vazios e baratos padrões de vida já não lhe cabem. Sei que você já jogou fora o velho casaco mal ajustado, pois o Santo Espírito fez um apropriado e adaptado especialmente para você. Basta olhar para você!

A solidão não vai durar muito tempo! Veja, em espírito, que você está cercada por uma grande e impressionante nuvem de testemunhas, amando e torcendo por você.

Romanos 1.1; 2Coríntios 6.17;
Efésios 4.6; Hebreus 12.1

20 de maio

Deixe-me tê-la por perto para aumentar e
renovar o seu entusiasmo e o seu amor por mim.
Deixe-me amar você e, juntos, desfrutemos
nossa doce comunhão entre Pai e filha.
Não seja impaciente em tempos de sequidão
espiritual – é hora de ficar quieta e de ouvir.
Ouça o que tenho a lhe dizer e permita que as
minhas consolações possam chegar lá no fundo
de sua vida, exatamente no lugar em que você
se encontra cansada e abatida.
Eu nunca a desampararei. Por isso, toda vez que
você se sentir sozinha, despojada e abandonada,
saiba que isso mostra que você se distanciou de
mim. Volte! Venha para meus braços hoje.

Salmos 23.2-3, 27.14; Isaías 40.31; Marcos 11.24;
Hebreus 13.5; Deuteronômio 7.8-9; 13

21 de maio

Nunca abandone o seu chamado na intenção de
obter apenas recompensas vazias daqueles que
negociam a sua alma com ofertas baratas.
Tudo pode lhe parecer muito tentador.
As promessas falsas são as que estrangulam
a sua beleza e matam a sua alma.
Você é meu instrumento escolhido, meu doce
e adorável tesouro. Eu a escolhi para mim;
por isso, juntos, podemos subir a lugares mais
altos, dançar no topo das montanhas, cantar
com os anjos e nos emocionarmos com
a maravilha da minha criação. Nossa
alegria será eterna.
Honre a sua chamada, minha querida.
E permaneça perto de mim.

Lucas 15.13; 1Coríntios 10.13; Atos 22.14; Tiago 4.7

22 de maio

Hoje, dê uma pausa em sua vida para desfrutar
as minhas obras. Admire a glória do nascer
do sol e maravilhe-se com a imensidão dos céus.
Observe as estrelas do firmamento, ouça
o ruído forte das ondas. Veja a graça de um cisne
singrando as águas, encante-se com a risada
de um bebê, repare o ir e vir do ar em seus próprios
pulmões. Eu formei cada átomo, cada molécula
e cada célula que compõem a estrutura de tudo
o que existe, inclusive você mesma.
Estou feliz em minha criação, pois fiz tudo
isso para você e para meus filhos. Hoje, vamos
celebrar a vida juntos!

SALMOS 75.1

23 de maio

A autopiedade é um sentimento impensado
e, na verdade, egoísta. Se você lhe der espaço,
ele vai ocupar sua mente e sua alma, minando
suas energias a abalando a sua fé.
Ninguém quer ser amigo de uma pessoa que
cultiva a autopiedade dentro de si.
E eu não me agrado quando meus filhos
nutrem esse sentimento.
Hoje, elimine esse estado de espírito de seu
coração. Lembre-se de que eu vejo tudo e sei de
tudo. Estou aqui todos os dias para enriquecer
a sua vida com bênçãos espirituais. Posso
fortalecê-la, para que você não se condene
e busque em mim o verdadeiro perdão.

Salmos 23.5, 42.5, 68.19; Jonas 4.9-11;
Filipenses 2.3-4; 1João 3.16-17

24 de maio

Não seja inclinada aos prazeres mundanos,
minha filha. A busca por essas alegrias
transitórias vão acabar prendendo você.
Venha a mim para ter uma vida emocionante
e para a aventura que está além do que o mundo
pode lhe oferecer. Ouça as minhas palavras
e você vai viver confiando no Senhor.
Em mim, você é uma nova criatura, você está
completamente livre de pecados antigos e dos
chamados hábitos mundanos, que existem para
afastá-la de mim. Agora, você tem uma *nova
vida* e uma nova esperança.
Você tem uma vida emocionante e eterna
em mim. Eu a plantei com segurança
em meu coração e em meus braços.

Provérbios 1.33, 21.17; 2Coríntios 5.17;
Apocalipse 21.5

25 de maio

Dê uma pausa, querida, e descanse ao menos
por um momento comigo. Quando você passar pelo
vale da adversidade, seus pensamentos podem
se contorcer e reclamar, sua energia
pode enfraquecer e até desaparecer, mas
eu estou aqui para levantá-la novamente.
Não vou deixá-la cair. Vou mantê-la em
perfeita paz, se você me deixar fazer isso.
Vou animar e revigorar sua mente. Hoje,
permita-se respirar o meu doce e fresco hálito
e derrame a minha paz como azeite ungido em
todo o seu ser. Vou restaurar a tranquilidade
da sua alma e renovar a sua visão para
o futuro. Minhas promessas para você não
podem falhar e, por essa razão, você deve
se apoiar em meus braços e descansar.

Salmos 23.4, 29.11; Isaías 26.3

26 de maio

Eu a amei desde o início. Eu a formei no ventre de sua mãe. Eu sabia que você existia antes mesmo de você se entender por gente. Portanto, em quem mais você pode confiar plenamente, senão em mim? Pode confiar que sei como guiá-la em direção à maturidade e como construir em você um caráter digno de quem se deleita no céu. A partir de hoje, ame sua vida e aprecie a minha mão conduzindo-a. Vou enviá-la para um lugar de segurança e contentamento. Muitas aflições podem bater às portas de meus eleitos, mas eu sou aquele que pode aquietar o seu coração e lhes dar plena segurança.

SALMOS 34.19, 139.10; JEREMIAS 1.5

27 de maio

Estou aprimorando os seus sentidos hoje. Dessa forma, você vai se tornar sensível à vista deslumbrante do céu e irá, ao mesmo tempo, olhar para baixo e admirar a vida plena que eu a chamei para viver. O maior propósito de sua vida é cumprir os desígnios para os quais eu a chamei. Você consegue ser feliz só por saber que estou no controle de tudo?

A fonte de sua coragem deve ser acreditar e confiar em mim, sabendo que seus esforços, sem mim, são como poeira ao vento. Ao meu lado, no entanto, *tudo é possível.*

Hoje, permita-me realizar meus planos em sua vida. Se fizer a sua parte, confiando em mim, eu certamente farei a minha, porque velo por minha Palavra, para cumpri-la.

Provérbios 19.21; Mateus 19.26; Salmos 27.5, 91.1, 103.14; Isaías 64.6; 1Coríntios 2.7; Filipenses 4.13

28 de maio

Não olhe para trás. Não tire as mãos do arado. Deixe-me ficar próximo de seu coração hoje, para que eu possa amá-la com meu amor perfeito. Olhe para frente e vislumbre o futuro glorioso que preparei para você. Então, você será capaz de ver que os problemas do tempo presente não são, de forma alguma, comparáveis à glória que verá lá na frente em sua vida. Eu a estou levando por caminhos aplainados. Ao longo dessa jornada, você deve continuar a ir em frente, avançando, *e sem olhar para trás*. Isso é viver! Sua vida futura está garantida comigo.

2Coríntios 2.14, 5.17; Salmos 37.37, 84.12; Jeremias 29.11

29 de maio

Quando você canta para mim, você me
apresenta seu coração, o qual eu estimo.
Seus cânticos de louvor perante o meu altar são
um presente maravilhoso e sagrado para mim,
e eles me trazem muita alegria.
Há um castelo especial no céu, com centenas
de quartos, para você preencher com os seus
cânticos de louvor. Gosto de acompanhá-la
durante cada música.
Afago sua cabeça e me alegro quando *você me
conhece pelo que eu realmente sou.*

Salmos 69.30, 119.63, 104.33; 1Crônicas 13.8

30 de maio

Eu a amo com um amor que formou o Universo.
Como é delicioso o alvorecer de seu terno
coração para mim. Eu sou o amor de sua alma.
Viver no meu amor demonstra ainda mais
o seu zelo em realizar mais e prosperar além
do normal. Porque você me ama, eu lhe dou
a autoridade para seguir em frente e para que
o seu espírito se eleve. Assim, serão as bênçãos
que irão abundar em torno de você e de sua casa.
Honre-me em tudo o que você fizer e todas
as coisas lhe serão acrescentadas.

1João 3.1, 15.9; Romanos 8.35; João 16.27;
Salmos 37.23, 122.7; Efésios 2.4; Provérbios 6.22

31 de maio

A partir de hoje, ponha fim às ameaças superficiais, carregadas de perigo e desgraça, que querem atormentar sua vida e tirar sua paz. Lembre-se, eu lhe dei uma nova mente para conhecer e viver na *verdade*. Lembre-se, também, de que eu lhe dei uma mente purificada. Isso faz com que você seja mais inteligente do que o mundo. Eu já a fiz tão sábia que, quando meus pensamentos acerca da verdade, das bênçãos e da capacitação habitarem em você, eles irão rejuvenescer cada célula do seu ser e você se tornará plenamente feliz.

Salmos 19.8; Romanos 12.21

JUNHO

"Não por força nem por violência,
mas pelo meu Espírito",
diz o SENHOR dos exércitos.

ZACARIAS 4.6

1 de junho

Tenha cuidado com o seu coração hoje.
O impetuoso coração humano sempre busca o seu
próprio bem-estar. O prazer é o deus do coração
impenitente, indisciplinado. Mas seu coração
se rendeu a mim e, milagrosamente, tem se
tornado puro. Ele é mantido dessa forma pelo
poder que vem de suas escolhas. Eu lhe dei
muitos dons espirituais para você viver sua
vida de forma realmente triunfante. Eu lhe dei
a minha palavra para instruí-la, enriquecê-
la e capacitá-la a superar todos os obstáculos,
bem como para se levantar capacitada, com
discernimento e entendimento espiritual.
Suas escolhas ditam a qualidade de sua fé
e seu nível de intimidade comigo.
Minha Palavra escrita é a sua fortaleza diária
para orientar as decisões de seu coração.

Salmos 27.1-3; Romanos 8.6-8, 14; Tiago 4.8;
2Tessalonicenses 3.3; Deuteronômio 30.19;
2Coríntios 1.21-22

2 de junho

Você está enfrentando decisões, e hoje, conforme encara esses desafios, sente um incômodo no espírito, um frio desconfortável em sua barriga que diz: pare e ouça. Não se apresse com suas ações, apenas ouça. Observe. Eu lhe falo de muitas maneiras. Preste atenção às minhas advertências espirituais, invisíveis para muitos, mas sensíveis a quem me conhece, como você. Minha Palavra é a sua fortaleza diária para orientá-la nas decisões que você toma, e quando você se sentir pouco à vontade, ou confusa, dê uma pausa e saiba que quero ajudar a guiá-la. O que parece apenas bom pode não ser sempre a escolha certa. Esteja ciente de que sua mentalidade ainda carnal pode influenciá-la de maneira negativa e contrária à minha vontade. Seja sábia. Faça uma pausa com o Espírito Santo. Ouça a minha voz, você vai reconhecê-la quando eu falar ao seu coração em um lugar profundo dentro de você, dizendo: "*Este* é o caminho. Ande nele."

Provérbios 14.12; 2Timóteo 2.22; 1João 2.15-17; Isaías 30.21; Salmos 27.14

3 de junho

Hoje, evite ser levada por suas emoções. As circunstâncias, situações e relacionamentos mundanos precisam ser prioritariamente relegados diante dos valores do meu Reino. É por intermédio do meu Espírito que você vai obter a verdadeira sabedoria, orientação e força. Seja forte hoje, com uma base firme e solidamente firmada em mim.

É muito conveniente tomar o caminho mais fácil, cedendo às circunstâncias e situações projetadas para desviar meus filhos para longe da rocha da fé.

Eu lhe digo, permaneça inabalável e apegada a mim! Os relacionamentos podem influenciar seu coração a afastá-la para longe, mas quando você está solidamente enraizada em mim, não oscilará, balançará nem será derrubada – não importa quão tentador tudo isso seja.

Haverá provações e testes, mas eu lhe prometo um coração resoluto que a tudo supera e, quando o seu coração estiver firme em nosso relacionamento, você sempre será mais forte e mais fortalecida.

Salmos 30.7, 57.7-11; Hebreus 13.5; João 16.33

4 de junho

Há um projeto de futuro que eu tenho apenas para você. Não reservo ao seu futuro espaço para o acaso ou a sorte. Aqueles que não têm visão espiritual não podem vislumbrar a grandiosidade desse futuro. Se você planeja seu futuro sozinha, ou movida por sentimentos egoístas, acabará andando para trás.

Se você se frustrar e tornar-se impaciente, poderá acabar se desviando do rumo que tenho reservado para você. Se você reclamar do porvir, vai correr pela floresta da vida exausta e perdida, sempre com fome e querendo saber o porquê das coisas serem diferentes do que você pensa. O futuro é seu – aproveite-o. Aqui estão as rédeas. O acaso e a sorte não estão na sela, você está.

SALMOS 16.9, 33.18, 37.37; PROVÉRBIOS 14.30; ROMANOS 15.13; TIAGO 1.4; JEREMIAS 29.11

5 de junho

Quero que você saia de sua caverna de
autopiedade, hoje, e se junte ao mundo de pessoas
autênticas, que têm necessidades como as suas.
Eu tenho servos em todo o mundo, que intercedem
dia e noite, e eles gostariam de orar por *você*.
Não vou chamá-la para sentar-se sozinha,
adotando práticas autodestrutivas
e murmurando. Você é minha filha, e eu a amo!
Eu tenho um mundo inteiro de coisas boas
e agradáveis, nas quais você pode se deleitar
na minha presença.

SALMOS 43.5, 121.1-2, 131.2; NAUM 1.7;
1PEDRO 1.8; FILIPENSES 1.6

6 de junho

Eu tenho muitas coisas para lhe mostrar, muitas
oportunidades para lhe dar e muitas verdades para
lhe revelar, muitos presentes para lhe oferecer
e muitos milagres para com eles abençoá-la.

O mundo pode mudar, mas eu não mudo.
Céus e terra passarão, mas a minha Palavra
permanece. Padrões de vida e valores morais
estão sendo perigosamente alterados, mas
minha vontade para o ser humano jamais será
alterada. Quero mostrar-lhe coisas que virão
prepará-la para confiar em mim mais e mais.

Quero que você saiba como orar por resultados
eternos. Quero que você saiba como superar
e vencer em todas as circunstâncias. Aproxime-se
e me dê sua atenção, para que eu possa guiá-la
e ensiná-la a voar mais alto, nas asas da fé.

Lucas 12.12; Tiago 1.17; Salmos 32.8, 61.2; Isaías 65.24

7 de junho

É hora de seguir em frente. Eu abri novas
portas para você. E estou derramando novas
oportunidades e possibilidades, a fim de liberar
toda a expressão criativa que está dentro de
você. As circunstâncias podem tê-la escondido
atrás de uma série de opções que pareciam
ser as certas, em determinado momento;
mas, agora que tudo está desmoronando, você
está livre e o caminho a seguir é um avanço
espiritual espetacular. De hoje em diante, dê
esse passo gigante em direção a seu
futuro radiante.

Salmos 34.21, 68.19, 73.28; Lamentações 3.22-24;
Deuteronômio 30.8; 2Coríntios 5.7, 17;
Atos 1.8; João 8.36

8 de junho

No dia de hoje, dê-me o seu melhor
e o seu pior. Dê-me seus sonhos; dedique-me
seus desejos e esperanças. Dê TUDO a mim.
Confie em mim. Sei muito bem o que estou
fazendo. Eu, sozinho, posso fazer seus sonhos
se tornarem realidade, só eu sei como lidar com
os seus desejos. Transformo suas esperanças
em realidade. Seja paciente neste momento
de crescimento. Passe por esse tempo com
o coração aberto e me dê o lugar que
eu mereço como seu Senhor.

ISAÍAS 12.2; SALMOS 36.5, 91.2; HEBREUS 10.23

9 de junho

Vou equipá-la espiritualmente para cada
situação. Você nasceu para vencer e crescer em
sabedoria em um mundo transitório no qual
o mal prospera como uma doença incurável.
Porém, não tema o sofrimento – eu vou
atravessar o vale ao seu lado.
Você nunca vai eliminar totalmente a dor
ou o mal, querida filha. Contudo, você pode
eliminar seus medos e escrever uma linda
história de vida. Na sua trajetória, você pode
ser uma vencedora, contanto que permaneça
em comunhão comigo.

1Pedro 4.12-13; Tiago 5.10; 2Coríntios 12.9;
João 16.33; Isaías 61.7; Hebreus 2.10

10 de junho

Quero que você seja conhecida como uma
pessoa forte. Quero que você seja conhecida
como alguém que pode lidar com o sofrimento,
as dificuldades, os obstáculos e as decepções.
Desejo que você seja cheia da minha graça,
para inspirar e emanar bondade. Viva com fé
para lidar com o que foge de seu controle. Sei
quantos cabelos há em sua cabeça, como não
seria capaz de guardar a sua vida?
Veja, você pouco pode realizar apenas com
sua força humana. Porém, o meu Espírito
a capacita a lidar com seus problemas,
porque você e eu somos *um*.
Não perca a alegria de descobrir os dons
e habilidades que coloquei em você!

ZACARIAS 4.6; FILIPENSES 4.13; 1SAMUEL 2.9-10

11 de junho

Oh, eu tenho sido bom para você!
Respondi aos clamores do seu coração
e a abençoei com a bondade do meu coração.
Estendi minha misericórdia a você, e enchi
a sua vida de bondade, para que, como minha
filha querida, você possa se sentir plenamente
segura e resolutamente feliz. Agora, conte-me:
o que você vai fazer com todas as coisas boas
que tem em sua vida no dia de hoje?

DEUTERONÔMIO 33.29; SALMOS 16.6, 23.1

12 de junho

Quando eu faço uma promessa, ela é selada no meu trono. É *para sempre*, nunca pode ser quebrada. Assim foi com minha aliança com Israel, e assim é no meu compromisso com todos aqueles que creem em mim. Eu lhe digo que o cumprimento de sua promessa acontecerá no seu tempo determinado. Não rejeite o sonho que eu, um dia, lhe dei. Eu a estou preparando para tornar-se forte e confiar em mim. Não desanime, porque isso está tomando tempo para que o seu sonho possa alcançar a plena realização. A visão em seu coração é verdadeira. Eu, o Senhor, fui quem a colocou lá! Sou o autor e consumador da sua fé, sou o inspirador dos seus sonhos. O que comecei, vou completar. Se eu optar por fazê-la esperar, é porque sei o que estou fazendo. O inimigo de sua alma quer perturbar a sua mente com dúvidas. Por que, então, você não o afasta? Basta apenas confiar em mim.

ROMANOS 4.21; HEBREUS 6.12, 8.5, 12.2, 13.20;
TIAGO 4.7; SALMOS 18.30

13 de junho

Onde meu Espírito está, há liberdade. Hoje, eu a liberto dos hábitos da alma cheia de cicatrizes e feridas. Sim, eu sei – são hábitos duros de quebrar. Porém, deixe que suas disciplinas sejam a bondade, a misericórdia, o amor, a justiça e uma caminhada humilde comigo. Jamais retroceda aos seus tempos de escravidão sob o pecado. E não fique revivendo mágoas daquilo que, um dia, fizeram a você. Essa raiz de amargura contamina a alma. Se passar de novo sobre o esterco das traições de ontem, como você vai ver a beleza neste novo dia? O perdão significa que – ainda que se sinta injustiçada, prejudicada ou caluniada – você perdoou o ofensor. E se você for injustiçada, prejudicada ou caluniada outra vez, perdoe novamente. E, se de novo acontecer, continue perdoando. Você sabe que se não perdoar os que a ofenderam, tampouco eu posso perdoar as suas ofensas. Onde meu Espírito está, há *liberdade*. Continue perdoando, você verá a transformação que acontecerá naturalmente em seu coração e em sua alma, pois você será *livre*.

JOÃO 8.36; ROMANOS 8.2; COLOSSENSES 3.13; MARCOS 11.25; GÁLATAS 5.1

14 de junho

Hoje, viva a sua vida como um milagre. Mesmo
vendo toda a imperfeição e caos ao seu redor,
viva cada momento como um evento único,
um milagre enviado por mim apenas para você.
Viva cada momento como se fosse uma vida!

Há vida e propósito em cada respiração,
em cada instante vivido na terra.
Nada no meu Reino é sem propósito divino
– e é por isso que o dia e a noite de hoje são
importantes. Viva cada momento de sua vida
como algo digno de ser vivido.

SALMOS 84.11, 107.8; COLOSSENSES 3.20;
PROVÉRBIOS 8.35

15 de junho

Eu sou o Senhor, seu Deus, o Santo de Israel,
o seu Salvador. Quando você submerge nas
águas pantanosas do pecado ou da falta de fé,
e o ar já lhe falta, não permitirei que você
se afogue. Quando você tiver de se lançar
ao espaço, vou sustê-la em minhas mãos.
Hoje – e todos os dias –, veja-se como divina
e perfeitamente protegida, não importa
o local em que esteja.

ISAÍAS 43.2-3

16 de junho

Eu estou aqui por você. Sou seu amigo,
eternamente! Nunca vou deixá-la nem
permitir que você se perca sozinha.
Se o seu pai, mãe, cônjuge, filho ou filha
a abandonarem, vou levá-la para lugares altos
e para próximo de mim. Vou sustentá-la
e confortar o seu coração.
Deixe-me encorajá-la e defendê-la.
Você pode confiar em minhas promessas
de transformar o seu luto profundo em alegria
e felicidade. Seu futuro não é turvo. Fique tranquila,
porque grandes coisas ainda estão por vir.

SALMOS 27.10, 30.5, 103.6-8, 119.63, 147.3;
JOÃO 15.15-16

17 de junho

Hoje, não tente me impor uma única
limitação. Não tente me esconder atrás
dos portões do medo e da falta de fé.
Veja-me na grandeza de minha majestade.
Deixe-me falar com você, abrindo seus
olhos, mente e coração à minha Palavra.
Eu a tenho chamado para uma vida abundante,
onde você pode fazer todas as coisas por
intermédio de mim. Eu a chamei para viver
pela fé, não por velhas ideias com base
em dúvidas, suspeitas ou complacência.
Você é linda para mim, minha filha, quero
que você viva a vida plena, cheia de graça
e maravilhosa que planejei para você.

Isaías 54.10, 17; Romanos 5.10;
Mateus 6.8, 27; João 10.10

18 de junho

Nada é pequeno demais para mim que eu não
possa fazer da minha própria maneira.
Não há um suspiro, por mais débil que seja,
que eu não possa sentir. Não há uma só célula
ou micro-organismo pequeno demais que
minha presença não possa lhe dar vida. Gosto
de falar com uma voz *calma*, mansa e simples,
mas é uma voz que nenhuma tempestade pode
abafar. Você pode me ouvir no som de um grilo
no meio da noite ou no suave bocejo de
uma criança recém-nascida?
Eu estou em todas as coisas. A minha criação
sabe disso. Fiz seu coração pequeno e frágil,
mas dei a ele uma força sobrenatural, que
agora é enorme no poder do amor.

ISAÍAS 30.21; 1REIS 19.13

19 de junho

Hoje, que você seja exaltada acima dos problemas que a cercam e das dificuldades que o mundo lhe impõe. Hoje, receba uma nova visão, uma nova esperança e uma nova força. Não tente me limitar nem colocar uma barreira sobre as bênçãos que tenho guardadas para você. É preciso coragem para chegar até a esperança do futuro com uma visão ampla. Seu novo tempo implora uma nova visão – uma postura que exige mais fé. Todavia, conforme a sua visão se ampliar, assim será a sua capacidade de receber.

1Pedro 5.7; Salmos 23.4; Joel 2.28; Atos 19.2; 1Crônicas 4.10

20 de junho

Hoje, descarte as velhas maneiras de pensar.
Adote novas atitudes para fazer as coisas
funcionarem do jeito que você quer que
funcionem. Sei de todas as suas necessidades
antes mesmo de você pensar nelas. Preparei
uma vida plena e rica para você, com todas as
necessidades reais atendidas. A nova vida que
tenho para você são fontes que transbordam com
minhas bênçãos. Quando me encontrou, você
encontrou a vida. Ouça a minha direção
e siga as minhas instruções na minha
Palavra a respeito de cada detalhe de sua vida.
Você será incrivelmente abençoada para que
se mantenha nos *meus* caminhos, e então vai
começar a entender a imensidão da minha graça.

PROVÉRBIOS 8.32-35; FILIPENSES 4.19; HEBREUS 4.16

21 de junho

Conhecer a mim, como dizem as Escrituras
– de todo o coração, de toda a alma,
de todo o entendimento –, é experimentar
o aprimoramento dos seus sentidos. Quanto
mais próxima você estiver de mim, mais
profunda sua consciência será.
Estou despertando sua mente para perceber
o que só os olhos da fé podem ver. Estou mexendo
os portais de sua consciência e a estou fazendo
ciente e viva como nunca antes. Hoje, diga a si
mesma que você está 100% viva!

ROMANOS 6.11; FILIPENSES 2.5; COLOSSENSES 3.2, 5;
JÓ 10.12; PROVÉRBIOS 8.35; 1TESSALONICENSES 5.24

22 de junho

Você está 100% viva quando escolhe sentir,
pensar, ver, ouvir, testar, tocar em *meus
propósitos* para sua vida.
Isso significa que você pode experimentar
o mundo ao seu redor espiritualmente
afinado, e *nunca* deve se aproximar de um
dia com uma atitude descuidada. Atreva-se
a ver a verdade em todas as situações com
olhos abertos e santo discernimento.
Não desperdice suas emoções,
mesmo enquanto estiver se sentindo
espiritualmente vazia. Hoje, minha querida,
viva sua vida ao máximo!

SALMOS 101.2; JEREMIAS 33.3; HEBREUS 11.6

23 de junho

Quero que você, hoje, veja as coisas como se estivesse em cima de uma nuvem. Contemple a grandeza de minha criação e experimente a plenitude de meu poder sobre sua vida. Você pode ver tudo que vem pela frente para você, por meio do meu Espírito? Você consegue ver todas as bênçãos? Pode ver a saúde, os amigos, o amor, a bondade, a misericórdia e a prosperidade à sua frente? Você não vê a beleza da sua comunhão comigo? Ah, abra os olhos do seu coração agora mesmo e veja.

JEREMIAS 33.3; DEUTERONÔMIO 28.2, 6, 31.6; LUCAS 10.23

24 de junho

Sou a grande luz que a tudo ilumina. Eu sou a luz do mundo. Acendi essa luz em seu espírito quando você me conheceu e se entregou a mim. O mundo que criei foi, primeiro, sem forma e vazio, eu pairava sobre a face do abismo com um grande som, esperando para iniciar a criação. "Haja luz", bradei; e houve luz, porque eu sou luz. Se você tiver necessidade de uma visão e de uma compreensão, invoque o meu Espírito e será iluminada. Vou dispersar toda a escuridão e, assim, você poderá ver claramente o que está à sua frente.

Salmos 18.28, 32.8; Gênesis 1.3; Lucas 1.79

25 de junho

Há luz brilhando dentro de sua alma hoje,
e as pessoas ao seu redor me verão em seus olhos.
Seus olhos são as janelas de sua brilhante
e incandescente alma, fazendo com
que você viva em luz e vida.
Demônios não podem olhar nos seus olhos,
porque eles ficariam aterrorizados com o que
veriam. Todos os que odeiam essa luz vão
se encolher diante de você, mas aqueles que me
buscarem vão me encontrar – por isso, sinta-se
feliz com a luz que lhe dá vida. Seus irmãos
e irmãs, em mim, serão abençoados quando
olharem nos seus olhos e você vai festejar
em conjunto com apenas um olhar. Deixe isso
acontecer por meio de você!

João 3.20-21, 8.12; Mateus 6.22; 1João 1.7

26 de junho

É o seu coração que vejo, ouço e conheço!
Assim, você pode ter certeza, querida,
de que estou lhe dando os desejos do seu
coração hoje. Quando você orar com o coração,
eu ouvirei, porque vivo em seu coração.
Quando seus desejos são um com o meu
Espírito Santo, pode confiar em mim para
responder, porque sou o autor do desejo.
Se eu responder, é porque o seu desejo e os
meus são iguais. Não tenha medo de trazer
todas as preocupações do seu coração para
mim. Não volte atrás. É o nosso amor um
pelo outro que faz do seu querer
o mesmo que o meu.

FILIPENSES 2.13; SALMOS 21.2, 37.3-5;
ROMANOS 8.14; JOÃO 15.12-14

27 de junho

Meu nome é maior do que o de qualquer nome
na terra ou no céu, e maior do que qualquer
ajuda a que você possa precisar recorrer.
Então, eu lhe digo que ore em meu nome
e meu Pai responderá. Seja um comigo e veja
sua vida ser elevada a uma dimensão maior
de felicidade e contentamento neste dia.

FILIPENSES 2.10; 1TIMÓTEO 6.6; FILIPENSES 4.6-7

28 de junho

Será que a batalha parece ser muito grande para você hoje? Ainda assim, lembre-se de que sua força vem de mim e não de você ou do mundo. Com sua própria energia, você vai vacilar tão rapidamente quanto uma gota de água desaparece quando cai na terra. E você vai estar a um passo de desistir. Eu lhe fiz capaz de realizar muito, com os muitos dons naturais que lhe dei; mas, sem mim, esses mesmos presentes podem ser mal utilizados, porque você nasceu para conhecer e servir a mim e não a si mesma. Então, no campo de batalha da vida, seja corajosa! Incline-se para os meus braços, dê um profundo suspiro e vamos começar de novo. Sinta minha força tomando conta de seu corpo e de sua alma, revitalizando-os. Sua batalha já foi vencida, pois eu a venci por você.

SALMOS 18.39, 48-49, 24.8, 37.34;
DEUTERONÔMIO 33.27; ISAÍAS 59.19

29 de junho

Seja paciente, querida. É verdade que eu a
tenho chamado para ser forte e para vencer
obstáculos difíceis. É verdade, eu a chamei
para ser resistente e resiliente, mesmo em meio
a um mundo de pecado consciente. Também
estou chamando você para ser gentil. Você pode
ganhar com um argumento ou até intimidando
o seu adversário; você pode forçar o seu
caminho rumo aos próprios objetivos; você pode
fazer os planos de sua vida com uma vontade
própria – ou você pode escolher
ser forte em mim.
Você é forte quando é discreta. Você é
resistente quando é humilde. Você é corajosa
quando é gentil. A bondade não agride nem
é rude. Eu sou bom. Seja como eu.

SALMOS 18.35; PROVÉRBIOS 19.22; EFÉSIOS 4.32;
MATEUS 11.29; FILIPENSES 2.1-2; 2CORÍNTIOS 1.22

30 de junho

Seja paciente, amada. Assim como você não pode forçar o nascimento de uma flor ou fazer a chuva cair do céu, deve perseverar e aproveitar este momento para se maravilhar, admirar e ser admirada com todo o processo que floresce em você, como a vida sai de dentro do broto. Assim, as coisas têm um propósito e um tempo definidos, desde o começo.

Agora, veja as pétalas se expandindo, como pequenos rostos sorridentes saindo da terra. Eu cuido delas, contemplo cada instante de sua existência. Serva minha, sua vida pode florescer, mas esse é um processo que não pode ser apressado. Há tempo para tudo, portanto, *valorize esse tempo.*

Tiago 1.4; Isaías 35.1-2

JULHO

O SENHOR Deus é sol e escudo;
o SENHOR concede favor e honra;
não recusa nenhum bem aos
que vivem com integridade.

Salmos 84.11

1 de julho

Quem é aquele que atinge os picos das montanhas mais altas? Que sobe o lado mais longínquo dos penhascos traiçoeiros, onde uma pisada instável pode levar à morte?
Quem se atreve a tal subida durante as fortes tempestades, sentindo sede, fome, dor e exaustão, e não desiste até chegar ao topo? Eu vou lhe dizer quem. É a única que *tem treinado* para esse tipo de aventura. E você? Eis que chamo agora aqueles que são chamados pelo meu Espírito Santo. Você está se preparando para subir acima dos cumes perigosos, pelas trilhas onde se pode perder a vida e investir para ter uma posição sólida no chamado superior da *fé*? Ou prefere a covardia da vida fútil e sem desafios na terra? A montanha está à sua espera. Tome a decisão certa.

Apocalipse 12.11; Lucas 10.19; Efésios 3.16-17, 6.10; Colossenses 1.10-12; Isaías 40.29; 2Coríntios 5.7; 1Pedro 1.7-9

2 de julho

Coloque as necessidades de hoje em minhas mãos, minha querida. Coloque as preocupações de seu coração e de sua mente sob meus cuidados. Onde estiver seu coração, lá você encontrará o seu tesouro. Você já viu como andam minhas flores silvestres ultimamente? Você já deu uma boa olhada no projeto de paisagem que planejei para ter a minha terra saudável? Nada se compara ao que criei, nem mesmo todo o visual admirável que coloquei à sua disposição – mas, com tudo isso, você não vai encontrar uma única rosa, uma samambaia ou um pinheiro preocupados com sua aparência. E os lírios! Digo-lhe que riqueza nenhuma no mundo pode ser comparada ao guarda-roupa dos lírios. No entanto, eles não têm um pingo de trabalho. Olhe para as aves que voam no céu. Será que elas lamentam e planejam? Não! No entanto, nenhuma delas planta ou colhe; elas não se preocupam com sua aparência, nem enfatizam as faltas que porventura tenham na vida. Se eu visto a erva do campo, o falcão, a rosa e os lírios do vale, quanto mais não farei para vestir e cuidar de você? Você não entende, minha querida? Eu criei tudo para você.

Romanos 1.20; Lucas 12.22-31, 34; Gênesis 1.22, 26, 28

3 de julho

Você sempre esteve no meu coração. Não há um
único instante de sua vida que eu não a tenha
vigiado e observado. Enquanto você estava
no ventre de sua mãe, eu lhe prometi amor
incondicional. Eu sabia que haveria momentos
de rejeição, tristeza e traição. E sabia que você
se sentiria indesejada e mal-amada... Nessas
vezes, eu a amei ainda mais.
Eu lhe fiz uma promessa desde o ventre de sua
mãe; prometi-lhe que você seria plenamente
amada para sempre, você está vivendo
essa promessa hoje.

SALMOS 37.18, 23, 71.6, 73.26;
FILIPENSES 4.19; JOÃO 10.27-28

4 de julho

As recompensas que tenho para você estão
acima e além da imaginação humana volúvel,
bajuladora e lisonjeira. Quando você é uma
comigo, *nossas* realizações são celebradas.
Eu já lhe disse que há pouca satisfação em
coisas feitas sem mim.
A atenção que você ganha dos que pensa
serem seus amigos vai voar como penas ao
vento e será esquecida, mas as nossas flores
de relacionamento ficarão para sempre e os
elogios que você porventura receber de mim
irão brilhar no céu por toda a eternidade –
a festa não vai terminar nunca!

2Coríntios 4.18; Mateus 25.21-23; Daniel 12.3;
Isaías 51.11; Romanos 8.38-39

5 de julho

Eu a amei desde a fundação do mundo, isso já
lhe diz há quanto tempo eu a conheço. Eu tinha
um propósito para sua vida muito antes que você
existisse. Você só me conhece a partir do momento
em que me deu sua vida, porém, eu conheço sua
vida desde sua criação. Pondere isso.
Você acha que eu a conheço bem o suficiente
para saber o que é melhor para sua vida?
Acredita que estou preocupado com os detalhes
dos seus dias? Já pensou quão feliz você me
faz quando a vida que eu lhe dei explode de
alegria em mim? Adoro quando você se vira
para mim com um grito de gratidão, fico
profundamente comovido quando a vejo
avançar, arriscando tudo para ajudar
alguém que está mais necessitado que você.
Adoro responder às suas orações!

Salmos 22.9-10, 32.8; Esdras 3.11; Hebreus 4.16;
João 8.31-32, 15.7; Colossenses 3.23-24

6 de julho

Você pode me amar hoje de maneira simples
e dedicar tudo o que faz para mim.
Seus presentes para mim são como uma
fragrância suave às minhas narinas.
Vejo seu querido rosto, sabendo que você
é minha. Por isso, quero lhe dizer que seu
coração, me adorando, é tão precioso para mim
como mil festivais de louvor em minha honra.
Você me traz muito prazer. Portanto, fale
comigo. Escute-me. Adore o meu nome, que é
santo. E, assim, você vai viver uma vida mais
emocionante na terra.

Lucas 21.1-3; Cântico dos Cânticos 6.4;
Jeremias 15.20; Colossenses 3.17; Zacarias 4.6

7 de julho

Você sabe o quanto é linda para mim e o quanto
desejo falar com você? Sabe como são preciosos,
para mim, esses momentos tranquilos com você?
Com apenas um momento comigo, você receberá
mais contentamento em sua alma do que
durante dias e noites de diversão e prazer que
o mundo tem a lhe oferecer.
As suas boas obras e habilidades não podem
realizar o prazer de um momento a sós comigo.
Um momento de seu dia, ainda que bastante
ocupado, para entrar na presença da completa
perfeição, sentada no centro da proteção que
só a minha paz pode proporcionar,
não é o melhor momento de todos?
Quero que esse tempo sagrado comigo possa
ser a sua base espiritual para cada dia.

PROVÉRBIOS 31.30; FILIPENSES 4.7; ECLESIASTES 9.17;
SALMOS 4.4; 1CORÍNTIOS 2.10-12; JOÃO 14.9;
COLOSSENSES 2.9-10; MATEUS 7.24

8 de julho

A beleza interior pode ser falsificada por
um tempo, mas um dia a verdade da alma
é exposta – o temperamento, então, vem à tona,
e a mentira e os rancores ficam evidentes.
Depois, é claro, as desculpas são colocadas.
Você diz que está apenas cansada e que está
arrependida. Oh, minha filha, perdoar eu
perdoo, mas quero que você saiba que a minha
personalidade pode se tornar parte de sua
vida com uma qualidade eterna, gloriosa
e indestrutível, na qual a tentação e a falta
de disciplina não vão conseguir vencê-la,
a agitação de nenhum momento vai estragar
a sua doçura. Nem todas as irritações irão
poluir a sua compostura. Você não será tentada
a roubar o que pertence a outra pessoa.
Sua beleza interior é o reflexo dos momentos
e das horas que você passa comigo.

Provérbios 14.29, 31.30; Tiago 1.19; Hebreus 2.18;
Cântico dos Cânticos 4.1, 7; 1Coríntios 13.12;
Gálatas 4.6, 5.22-26

9 de julho

A cada dia, eu revelo um mundo maior do que
o que você está tentada a acreditar como algo
bom. Seja mais aberta à natureza selvagem.
Olhe nos olhos cintilantes das aves e
peça-lhes que contem as suas histórias.
Beije os rostos sorridentes do lírio, da íris e da
rosa. Bata palmas com as árvores que gostam
de engrandecer e elogiar o seu Mestre. Atente
para a canção que vem das rochas. Nomeie os
crustáceos no fundo do oceano. Dance com
os pés descalços no sofá. E se ilumine.

SALMOS 8.3, 9.1, 144.15

10 de julho

Uma boa consciência é estar sempre armada com a
verdade e não se contentar com um caminho fácil,
por meio das lutas espinhosas da vida.
Uma boa consciência não emana de uma alma
emocionalmente pobre.
Uma boa consciência devora e busca a minha
palavra como uma pessoa faminta.
Uma boa consciência se recusa a dar desculpas
para o que ela sabe estar errado.
Uma boa consciência não continua a comer a fruta
proibida, que deixa o mundo inteiro doente.
Uma boa consciência não vai roubar
apenas porque é conveniente.
Uma boa consciência não leva o crédito
onde não é devido.
Uma boa consciência odeia mentiras e hipocrisia
e nunca será vista brincando com engano e maldade.
Uma boa consciência não trotará as avenidas da
traição e da imprudência enganadora, porque uma
boa consciência é, acima de tudo, leal e sincera.
Hoje, pense sobre a importância da sua boa
consciência.

HEBREUS 9.14, 13.18; ATOS 24.16; ROMANOS 9.1;
2CORÍNTIOS 1.12, 4.2; TITO 1.15

11 de julho

Hoje, atreva-se a ser uma pessoa feliz.
Atreva-se a ser forte. Supere-se!
Uma boa consciência é aquela que se regozija
com a verdade, sempre confiante e está em
paz, apesar das adversidades. Sim, uma
pessoa forte deve ter uma boa consciência.
Um vencedor no meu Reino não pode se
superar sem uma boa consciência. Uma boa
consciência é como ouro bem polido.
Uma boa consciência é um deleite para mim.

2Coríntios 1.12; 1Tessalonicenses 5.8;
Efésios 6.10-11; Apocalipse 3.21;
Hebreus 10.22; 1Timóteo 1.5

12 de julho

Considere-se abençoada, minha filha. Nada
pode tirar as doces e preciosas bênçãos que são
somente suas. Considere-se livre de tudo o que
tentou segurá-la ou empurrá-la para baixo –
ou, mesmo, ferir seus sentimentos.
Considere-se uma nova pessoa por dentro
e por fora. As mágoas do passado não podem
controlá-la hoje. Você tem uma nova vida
agora e um novo coração que eu vou encher
de alegria e de doces emoções.
Descubra, hoje, que o seu mundo é repleto
de agradáveis surpresas, sua vida é mais
abençoada do que você pode imaginar.

EFÉSIOS 1.3; 2CORÍNTIOS 5.17, 9.8;
SALMOS 68.19, 103.1-5, 107.9; PROVÉRBIOS 22.1;
JEREMIAS 31.14; JOEL 2.26

13 de julho

Este é um dia para ser humilde. Leve-me
com você, aonde quer que vá. Vou acalmar
seus nervos, vou guiá-la e lembrá-la das
caminhadas humildes. Por outro lado,
vou repreendê-la com amor, se você agir
hipocritamente ou insistir em seu próprio
caminho. Vou, gentilmente, alertá-la, pelo meu
Espírito, caso você venha a se vangloriar ou se
comportar com orgulho, achando que é mais
importante do que realmente é.
Vou elevá-la, para que você possa ver
o caminho da verdadeira realização e reconhecer
a vida pequena que se leva quando se
é dominado pelo orgulho. Seja humilde e deixe
o orgulho ir para longe de você, a fim de ganhar
o mundo inteiro e os anos maravilhosos que
ainda tenho reservados para você.

MIQUEIAS 6.8; MARCOS 8.35, 10.43; 1TIMÓTEO 6.17;
FILIPENSES 3.8-9

14 de julho

Quem a tem sustentado durante todo o tempo?
Quem é o seu amigo mais confiável em
tempos de necessidade? Quem está sempre lá,
protegendo-a, abraçando-a em amor perfeito?
Quem ouve seus clamores durante a noite e a
tem confortado? Quem a levanta quando você
cai? Quem a chama de *amada*?
Lembre-se, querida, as coisas e as pessoas que
você agora acha que são seu esteio e fortaleza,
um dia, terão partido. O sucesso é temporário;
as riquezas, passageiras. Mas eu permaneço,
de eternidade em eternidade. Eu nunca mudo.
Hoje, pense bastante sobre isso. E nunca se
esqueça do meu amor por você.

1Timóteo 6.17; Salmos 121.1-4, 138.7, 148.13-14;
Naum 1.7; 1João 4.16

15 de julho

Aonde quer que você vá, eu vou limpar
o caminho para você. Tudo de que você precisa,
eu vou dar. Quando você sair e declarar meu
nome, vou favorecer sua causa.
Saiba que o que lhe diz respeito me preocupa.
A tribulação do mundo não pode alarmar você;
mas, em vez disso, deve levá-la ao seu lugar
secreto de oração, onde você pode derrubar
fortalezas e declarar minha Palavra, que
vai lhe ser útil em todas as situações. Você vai
evitar palavras amargas e que provoquem
divisão. Vai orar a partir da posição de
autoridade espiritual que lhe dou. Você nunca
vai esquecer que sou exaltado acima de todos
os principados e potestades!

1João 5.14-15; Efésios 2.6; Filipenses 2.5-11;
Lucas 10.19; João 15.16

16 de julho

A fofoca pode se espalhar no ar sob o disfarce
de preocupação, oração ou até mesmo amor.
Ou, até, uma aparentemente bondosa correção
de rumos. Coloque-me antes de seus próprios
interesses e razões e você não vai cair nas
problemáticas palavras de escárnio contra
outra pessoa. As pessoas podem soltar gritos
e insultos, podem tentar ofender meus filhos
com sarcasmo e zombaria – mas cada maldição
declarada contra eles não surtirá efeito, porque
estão debaixo do meu poder.
É por isso que você também deve se manter
pura e não permitir que a fofoca jorre de
seus preciosos lábios.

Isaías 54.15, 17; Jeremias 32.17, 27; Provérbios 26.2;
Salmos 19.14, 59.7, 9-10; Efésios 4.29

17 de julho

Veja onde você está de pé. Você está de pé diante de mim e por minha causa. Eu sou a sua rocha. Seu inimigo, o diabo, anda rastejando em volta de seus pés como um animal faminto, à procura de alguém sem autocontrole, ansioso para devorá-la.

Fique atenta.

Fique em alerta.

Seja autêntica.

Se você mentir para si mesma sobre seus hábitos e perder o controle sobre o seu dia, ou se permitir ser facilmente tentada, não perca um segundo. Portanto, *segure-se na Rocha eterna*. Eu, Jesus Cristo, sou a Rocha na qual você pode viver com absoluta confiança e segurança. Eu sou seu lugar seguro na fuga do diabo e de si mesma!

1Pedro 5.8-9; Gálatas 5.16; 1Coríntios 10.12

18 de julho

Não diga que você não tem nenhum poder. Seja como o profeta que proclamou: "Quanto a mim, estou cheio de energia, com o espírito do Senhor e com justiça e poder!" Não é lindo? Você pode, como Miqueias, proclamar a verdade hoje? Armei você com a força que nunca vai falhar. Você vai subir com asas como águias; vai correr, e não se cansará; você vai andar, e não desfalecerá. Proclame isso! Proclame a verdade que está no seu coração e, por meio das minhas gloriosas riquezas, vou fortalecê-la com o poder que você precisa. *Nunca* diga que você não tem nenhum poder!

MIQUEIAS 3.8; ISAÍAS 40.31, 41.10; EFÉSIOS 3.16-17; ATOS 1.8

19 de julho

Hoje, concentre-se na tarefa que lhe dei, e não
se permita, de forma alguma, ser dissuadida
a sair da pista por causa de interferências
que não lhe dizem respeito.
Se outros tentarem irritá-la ou procurarem
briga com você, dê um passo atrás e assuma
o controle do seu coração. A ambição egoísta
vai corroê-la por dentro.
Não é inteligente entrar em briga de outra
pessoa. Na verdade, uma pessoa que se mete em
uma briga que não seja a sua própria é como
puxar um cachorro feroz pelas orelhas. Use seu
dom da sabedoria, hoje, e não se distraia.

PROVÉRBIOS 3.30, 20.3, 26.17; 1CORÍNTIOS 12.8;
FILIPENSES 2.3; HEBREUS 12.14

20 de julho

Você acha que estou levando muito tempo
para responder às suas orações?
Vejo-a lá no vale da espera paciente e sei
que você está ficando ansiosa.
Você está se perguntando: Quando? Quando?
Quando? O vale da espera paciente está repleto
de pessoas fazendo a mesma pergunta.
A paciência vem com um preço, minha
querida, e isso leva tempo. Ela tem de ser
aprendida, como uma disciplina.
E ter paciência requer coragem.
Você deve ter a coragem de esperar e de
acreditar que eu sei o que estou fazendo.
Nunca volto atrás em uma promessa,
e certamente irei, um dia, na hora certa,
lhe responder. Mas, por favor, não se esqueça:
eu respondo no meu tempo e não no seu.

Isaías 25.9, 56.9, 65.24; Salmos 91.15

21 de julho

Considere seus amigos hoje. Quando Moisés, durante a batalha, se cansou segurando a vara da vitória no alto, quem foi que sustentou seus braços? Arão e Hur apoiavam as mãos de Moisés, um de um lado, outro do outro, para que ele permanecesse firme e forte. Seus amigos de verdade farão isso por você. Então, deixe-me perguntar: O que você pode fazer para ser uma bênção para os seus amigos hoje? Você nasceu para amar e ser amada. Você pode segurar os braços fracos de seus amigos em oração? Você tem um tipo de palavra, generosa, gentil e pronta para ser compartilhada? O que você pode fazer para confortar e encorajar alguém? Um amigo é compassivo, simpático, humilde e fiel. Então, hoje, seja uma boa amiga.

PROVÉRBIOS 17.17, 27.10; ÊXODO 17.12;
1PEDRO 3.8; 1SAMUEL 18.1

22 de julho

Encha-se de esperança hoje! Tome posse da
esperança como nunca antes e saiba que
o Criador do céu e da terra está ao seu lado.
Desesperança é o resultado de uma mentira –
e uma mentira dura apenas momentos, porque
ela não pode conter substância na dinâmica da
vida e na atmosfera da verdade. Mentiras que
lhe roubam a esperança são como vermes que
se desintegram na luz. Você é uma filha
da luz; por isso, se andar na minha verdade,
a mentira desaparecerá de sua vida.
A verdade dura para sempre! Estou lhe dizendo,
hoje, que proclame a verdade das minhas
promessas em sua vida.
Prometo que estarei sempre perto de você.
Eu a escuto. Minhas promessas para você
são a sua maior realidade.

Romanos 8.24; Hebreus 6.18, 11.1; Salmos 146.6

23 de julho

Para onde você corre quando busca
segurança? Sua cama?
Debaixo da mesa? Debaixo da saia da sua mãe?
Ou você se apressa para ir ao meu lugar seguro
celestial, onde eu lhe prometi
a segurança eterna?
Quando você está desesperada,
aonde você vai em busca de ajuda?
Corra imediatamente para o salão de
banquetes da misericórdia, onde os anjos
irão recebê-la para o seu refúgio
santo mais sagrado.
Oh, não se esqueça daquele
que a ama e que pode ajudá-la.
Em seus bons e maus momentos, estarei aqui
todos os dias como seu refúgio e seu Deus,
amando-a eternamente.

Salmos 18.2, 59.9, 16-17, 144.2, Naum 1.7;
2Samuel 23.14; Hebreus 4.16; Provérbios 21.21

24 de julho

Quem consegue deter o vento com a palma da mão? Quem determina os limites ao mar e ele lhe obedece? Quem estabeleceu os contornos da terra? Diga-me se você o conhece, querida filha. Sou eu quem governa as correntes do mar, quando as suas ondas se elevarem, sou eu quem vai aquietá-las. Repreendo o vento e os relâmpagos; os granizos, as neves e as nuvens fazem o que eu disser.
Acalmo o tumulto entre as nações e faço a voz do tolo parecer um mero vapor.
Ouça. Eu sou o Senhor de *tudo*; e dei aos oceanos seus limites, de modo que as águas não ultrapassam meu comando. Sou o único que marcou os fundamentos da Terra. Posso fazer um milagre em sua vida hoje.
Nunca me subestime.

Salmos 65.5-7, 89.9, 107.29; Mateus 8.26;
Provérbios 30.4; Filipenses 4.19

25 de julho

Eu estive falando com você desde antes de você nascer. Fui o primeiro a lhe dar boas-vindas ao mundo, quando sua mãe lhe deu à luz. Tenho amado e cuidado de você sempre, e, ainda assim, você não tem conhecimento da minha presença. Quantas vezes você acha que Moisés caminhou próximo de mim com suas ovelhas, antes de notar o arbusto que não se consumia, mesmo com fogo? Quanto tempo você acha que tive que chamar Moisés, antes de ele me ouvir? Eu lhe digo, minha presença é sutil, imprevisível e sobrenatural. A sarça ardente, um vento forte, uma caverna silenciosa, um gramado debaixo de uma árvore, a solene privacidade do Santo dos Santos – é lá que você pode me encontrar. Absorva essas palavras que estou lhe falando e suba até o meu coração.

SALMOS 71.6; ÊXODO 3.2; 1REIS 19.9-12;
LUCAS 1.8-15; ATOS 2.1-2

26 de julho

Adquira a sabedoria, e, com isso, adquira também o entendimento. *Se você for sábia, a sabedoria será sua recompensa.* Você não vai encontrar a felicidade sem sabedoria. Vagando e procurando a felicidade nos sorrisos de estranhos e aduladores, comendo os doces enganadores da ambição e dançando nas pegadas de uma aprendizagem orgulhosa, isso nunca vai fazê-la feliz. *Você pertence a mim.* Eu sou a sua felicidade. *Sou a sabedoria.* A sabedoria irá encantar sua alma e despejar o óleo da cura em seu coração tostado, seco. A sabedoria abençoará a sua vida com tesouros de felicidade que o dinheiro não pode comprar. À medida que você ganhar sabedoria e entendimento, acatando minha instrução e minha direção, todas as demais coisas serão acrescentadas e você vai se tornar mais e mais parecida comigo.

PROVÉRBIOS 3.13, 4.7; SALMOS 51.6; MATEUS 6.33; COLOSSENSES 3.10

27 de julho

Pense em si mesma, hoje, como uma artista.
Você é como uma pintora que prepara as suas
telas e pincéis para uma aplicação harmoniosa
de cores, formas e movimentos, criando
o que o mundo nunca viu.
Pense em si mesma como possuidora de
habilidades de surpreender a todos com suas
expressões originais de amor e coragem.
Cada ação que você executa em sua tela da vida
é sua, e somente sua. Você é quem escolhe as
cores, as texturas e o movimento do pincel.
É você quem faz a arte, mais ninguém. Você está
feliz com a artista que eu a criei para ser?
Você está grata hoje, já que é um tipo único
e original e tudo o que traz para
o mundo é maravilhoso?

Salmos 139.14; Gênesis 1.22; Efésios 5.20;
Colossenses 3.10

28 de julho

Hoje, pense em si mesma como uma escultora diante de um bloco de pedra e com tudo pronto para colocar para fora a beleza que está escondida ali, e que, até agora, só você vislumbrou.

A beleza escondida naquela rocha ficou durante muito tempo esperando ser liberada, até que você apareceu para dar-lhe forma e beleza. A você, foi dado o dom de ver o interior duro de uma pedra. Você é abençoada com a habilidade consagrada e necessária para criar a beleza das cinzas.

Confie nos seus dons hoje. Confie em mim, pois eu a criei do jeito *que você é*, com todas as suas habilidades. Tenha coragem para manter gravada na pedra sua divina tarefa, com dignidade e orgulho santo.

EFÉSIOS 4.1; ISAÍAS 61.3;
2 TIMÓTEO 1.9; ROMANOS 11.29

29 de julho

Hoje, pense em si mesma como uma arquiteta
na prancheta da vida, desenhando suas plantas
para um novo ambiente, onde a aprendizagem,
a alegria e o amor irão prevalecer. Veja a si mesma
fluindo nos dons de seu construtor e avance com
o sonho que eu colocar em seu coração.
Eu lhe digo, crie com confiança e entusiasmo,
não se permita ser detida. Estou com você
para trazer e passar os resultados
do que eu fiz nascer em você.
Execute seus planos com a habilidade com
a qual eu lhe presenteei, você vai receber
minha aprovação e favor – e muitas vidas
serão salvas, enriquecidas e preparadas
para os dias vindouros.

Provérbios 24.27; Daniel 12.3; João 14.12

30 de julho

Hoje, pense em si mesma como um músico que nasceu para trazer a melodia de Deus a um mundo cansado de seu ruído. A bela canção é sua, somente sua, para revelar a harmonia da minha criação ao mundo.

Nenhuma oferta minha é dada sem amor. Hoje, minha talentosa compositora, esforce-se para levar a um mundo feio a música que só você pode cantar, fazendo exatamente como eu a criei para fazer e sendo exatamente o que eu a criei para ser. Você é grata pelo que você é hoje?

SALMOS 7.17, 30.12, 33.3; 2CRÔNICAS 5.13; ÊXODO 15.1; JEREMIAS 33.11; ISAÍAS 38.20, 49.13; COLOSSENSES 3.15

31 de julho

Quero que você ame a sua vida e pare com as
queixas e reclamações que são como veneno
astucioso. O descontentamento é como uma
chaga que vai consumindo você a cada dia,
ainda que não seja percebida. Com o tempo,
contamina todo o organismo.

Tenho o remédio doce do contentamento,
como um bálsamo para aquecer seu coração.
Esse remédio é todo seu, mas você precisa
querer usá-lo. Venho com novas palavras de
conforto para substituir as queixas feridas que
arranham você. Tenho coisas bonitas para lhe
dizer! Hoje, deixe-me entrar em seu coração
com esse remédio e restaurarei a sua fé
e lhe darei deliciosa paz.

FILIPENSES 4.11; APOCALIPSE 3.20; SALMOS 51;
1TIMÓTEO 6.6; JOÃO 16.33

AGOSTO

Toda a terra tema o SENHOR; tremam diante dele todos os habitantes do mundo. Pois ele falou, e tudo se fez; ele ordenou, e tudo surgiu.

SALMOS 33.8-9

1 de agosto

Criei você para ir adiante neste dia, com
o coração bem aberto e pronto para abraçar
a vida de uma forma plena. Se algum momento
sombrio surgir em seu caminho,
suspire por meio de sua oração e ouça
a minha voz sussurrando em seu ouvido
e dizendo-lhe: *Está tudo bem.*
Se um dos inimigos de sua paz a perturba,
eu lhe darei a coragem de um guerreiro para
se levantar e vencê-lo em meu nome. Não perca
um momento sequer com descontentamento
ou derrota no dia de hoje. Pratique
a bondade. Meu Espírito irá abraçá-la.

2Tessalonicenses 3.3; Salmos 73.28; Lucas 10.19;
Efésios 6.10-13; Filipenses 1.6

2 de agosto

Não evite os caminhos difíceis da vida.
Experimente a dor e seja completa. Seja plena.
Exercite seus músculos. Não quero encontrá-la
fraca e acuada! Viva por meio dos olhos
de quem executa um trabalho árduo, como
se fosse o buraco estreito na extremidade de uma
agulha. Atravesse esses momentos cantando
e sorrindo conforme você vai passando por eles.
Seja sábia. Seja simpática.
Nunca tenha medo do ladrão à noite. Esteja
preparada. Tenha bom senso de humor. Sua
fé é sua armadura. Sua destreza é o seu alívio.
Sua coragem é a sua força!

Tiago 1.2-4; Lucas 10.19, 13.24; Mateus 19.24;
Efésios 6.10, 13-16; Salmos 18.2, 119.71

3 de agosto

Nada é insignificante para mim. Ouça os apelos doces da minha vontade para este novo dia e acalme o seu coração. Cuide para que seu coração esteja junto ao meu, porque estou no silêncio e quero que você valorize a simplicidade deste momento. Quero que você observe o que é minúsculo, quase imperceptível, no toque da minha mão sobre o mundo ao seu redor. A alma inquieta e imatura é aquela que exige o grande, o impressionante e o monumental em todos os momentos. Contudo, valorize o simples, para manter-se distante da fermentação da impaciência. Treine o seu espírito para me escutar nos silenciosos momentos.

ISAÍAS 30.15; SALMOS 46.10, 62.5, 69.32, 104.25; 1PEDRO 3.4; TIAGO 4.10; ZACARIAS 4.10

4 de agosto

Você está se importando muito com o que já se foi. *O passado lhe oferece nada e nada mais.* Quando você fica obcecada pelo passado, acaba dando-lhe poder para governar o seu presente, então você perde a glória deste momento, porque ansiar pelas riquezas de ontem é tão destrutivo para a alma quanto o ressentimento pelo que lhe foi, um dia, tirado. Quero lhe dizer hoje: escolha apreciar e abrir os seus olhos para a bondade em sua vida, *da forma como ela é agora.*
Eu uso o passado, as boas e más memórias, como um instrumento para criar um futuro maior e melhor. Vejo o seu passado não só como curado e liberto das garras do diabo, mas como um livro de sucesso, pronto para adicionar novas páginas. Hoje, você é uma maravilha viva. Pense em termos de hoje, como eu faço, e dê o passado em suas várias dimensões para mim. Sei como transformar tudo para o bem.

Cântico dos Cânticos 2.11; Provérbios 2.20,21; Jó 1.4; Salmos 30.5; Isaías 58.8; Romanos 8.28

5 de agosto

Seja forte hoje. Quando as coisas parecem
tristes e sem esperança, agarre-se à força
que tenho derramado em você. A noção
de desesperança não existe no meu Reino,
eu lhe dei a força espiritual para combater
cada astúcia maligna destinada contra você
para desencorajar e derrubar sua fé.
A substância de tudo o que você espera
é posicionada na sua fé.
Seja forte, eu lhe digo. Prove o poder
de minha grandeza hoje!

PROVÉRBIOS 24.5; HEBREUS 11.1; 1TIMÓTEO 6.12;
SALMOS 68.35; EFÉSIOS 6.10

6 de agosto

Hoje, minha querida, o sabor sutil do ciúme
pode surgir em seus lábios e causar um
ranger de dentes, mas quero que você esteja
preparada. Levante a cabeça, erga os seus
ombros e mantenha a tentação distante,
com a espada da minha Palavra.
Nenhuma tentação pode puxá-la à força
e arrastá-la sem que você ceda a ela. O ciúme
faz mais do que causar feridas na língua:
ele pode envenená-la.

FILIPENSES 2.3; TIAGO 4.2; CÂNTICO DOS CÂNTICOS 8.6;
1CORÍNTIOS 10.13; PROVÉRBIOS 27.4; GÁLATAS 5.14-15

7 de agosto

Vejo-a navegando no mar aberto da fé sabendo
que meus olhos estão em você, conhecendo
a minha âncora segura em cada tempestade,
não importa a condição de seu navio.
Você está mais experiente agora,
já atravessou algumas tempestades fortes com
suas velas mestras esfarrapadas e seu casco
avariado. Também já passou ao longo das
águas calmas da fé com canções de libertação,
dando graças ao cantar, sabendo que não há
tempestade que poderá fazê-la naufragar.
Eu a mantive segura na tempestade, você vai ficar
em segurança por toda a sua vida.

Jó 26.12; Isaías 4.6; Salmos 107.29; Provérbios 1.33

8 de agosto

Tome uma decisão hoje: *a de não se aborrecer*. Estou logo ao seu lado, com paz mais do que suficiente para silenciar o seu turbilhão emocional.

Pense em si mesma como uma atleta. Todo o seu trabalho árduo, a prática e o sacrifício são postos à prova para prepará-la melhor para a corrida de uma vida. Porém, outro competidor lhe toma a frente e ergue o troféu.

Quando isso acontecer – e vai acontecer –, encontre graça em seu coração e comece a apreciar o seu sucesso. Contendas e ciúmes são más companhias que corrompem a mente das pessoas boas. Afaste-se deles. E diga, sempre: ninguém é menos digno do que vocês.

1Coríntios 9.24; Provérbios 17.14; 2Coríntios 12.20; Gálatas 5.26; João 13.34; Marcos 10.43,44

9 de agosto

Quero que você saiba quando deve contestar
e quando deve manter seus aprendizados espirituais
para si mesma. Estou falando com você sobre
discernimento espiritual, que é um dom do meu
Espírito Santo. Isso significa que você deve permitir
que a minha vontade se sobreponha à sua,
da mesma forma que uma luz penetrante lhe dá uma
visão clara de todos os lados. Há um tempo para
lutar e um tempo para recuar da luta. O dom de
discernimento lhe diz quando falar e quando não
falar; quando agir e quando permanecer imóvel.
O dom do discernimento lança luz sobre o que
é verdadeiro e o que é falso. É este dom que lhe
permite ver através do véu do desconhecimento
e da confusão e reconhecer os maus espíritos.
Ore, receba, ative e coloque em funcionamento
o dom de discernimento dado pelo meu Espírito
Santo hoje e todos os dias de sua vida!

Zacarias 10.5; Eclesiastes 3.5;
1Coríntios 1.12; Atos 27.9-10

10 de agosto

Pode não ser fácil de ver alguém andar
fora da linha e receber os elogios que você
merecia ter recebido... Pode, também, não
ser fácil quando outra pessoa recebe bênçãos
pelas quais você orou e não recebeu.
Se você se sentir deixada de lado e se passou
em branco quando os outros obtiveram o
reconhecimento e avançaram, regozije-se
com eles. Fique feliz. Lembre-se, eu olho
sempre para o seu coração, e é o seu coração
que eu amo e promovo. Não a comparo
com qualquer outra alma viva, vejo você
apenas como você. Nunca inveje o outro.
Seu dia está chegando!

Jó 5.2; Provérbios 14.30; 1Coríntios 13.4;
Colossenses 3.12

11 de agosto

Minhas palavras diárias para você estão
destinadas a guiá-la em meus profundos
mistérios e em sua missão na terra.
Quero que esteja atenta a tudo o que eu lhe
disser. Beba em minhas palavras e torne-se
uma seta quente, mergulhada no fogo da fé
e que, disparada, atinge um alvo direto no
coração de meus propósitos. É pela minha
Palavra que você pode mover montanhas.
Pela minha Palavra, os doentes são curados,
os coxos andam, os cegos veem. Hoje, tenha
a certeza de que você nasceu para fazer
na terra as coisas que eu fiz.

1Coríntios 2.9; Salmos 40.8; Isaías 46.10;
Provérbios 1.23; Romanos 11.33

12 de agosto

Você se preocupa com os acontecimentos no mundo. Violência, dor, miséria, nação contra nação, e o mal parece solto sobre a face da Terra. Mas, escute-me. Nada escapa ao meu olhar e controle. A desumanidade do homem para com o próprio homem não é tão hedionda para mim a ponto de me fazer recolher a mão. Só eu mantenho o poder de destruir as forças do mal com minha destra de julgamento – mas este é o *meu* trabalho, não o seu.

Você, minha querida, apenas ore e faça o bem em sua esfera de influência e onde você estiver. Eu lhe mostrei o poder de Deus e o que preciso de você. Amar a misericórdia, fazer justiça e andar humildemente comigo. Com isso, você vai mudar o mundo.

Apocalipse 19.6; Salmos 88.2, 98.3; Miqueias 6.8

13 de agosto

Seja sensível hoje à minha presença no mundo ao seu redor. Permita que o meu Espírito desperte os seus sentidos para o sublime, para toda a beleza natural à sua volta. Amada, meu mundo é uma forma de humildade. Deixe seus conflitos interiores de lado para se comunicar com a vida fora de si mesma. Coloque as mãos sobre a terra; experimente a sua pulsação. Sinta o cheiro da rosa com uma apreciação mais profunda e se atreva a assistir à corrida da formiga de uma forma mais divertida.

Delicie-se com a dança da luz do sol contra a sua camisa. Seja admirador das obras divinas no filete de água que a chuva faz e que desliza em sua vidraça. Sinta o vento passar pelo seu rosto e, da mesma forma, o beijo de um amigo do qual você sente falta. Não perca o hino de um pôr do sol, porque a batida de suas preocupações a ensurdeceu para as maravilhas do seu mundo. É por isso que, muitas vezes, você não consegue ouvir o suspiro do meu amor.

SALMOS 66.1-4; CÂNTICO DOS CÂNTICOS 7.12, 8.13

14 de agosto

Fazer uma coisa sem mim não é natural para
você, e é extremamente solitário.
Eu sou aquele que formou os céus. Sou aquele
que estendeu as águas nos mares e sou aquele
que criou você para ser *minha amiga*.
Os céus estremecem e os mares rugem;
mas, com você, minha filha, eu gostaria de me
sentar e saborear uma santa conversa.
Quero ouvi-la falar de assuntos urgentes
e do seu amor compassivo pelas questões,
problemas e pessoas que eu amo.
Quero lhe mostrar coisas grandes
e maravilhosas e as orações respondidas.

GÊNESIS 1.1, 20; DEUTERONÔMIO 10.14, 28.8;
ÊXODO 33.1; JOÃO 15.5; SALMOS 91.1, 15;
PROVÉRBIOS 15.8, 16.7, 22.11; ISAÍAS 46.10

15 de agosto

Se você tem ouvidos para ouvir, eu vou falar
com você neste momento.
É muito mais fácil admirar e transformar em
heróis aqueles que você nunca conheceu do que
alguém de seu próprio meio, cujas fraquezas
você conhece muito bem.
É muito mais conveniente ser gentil com um
estranho problemático do que ser compassivo
para com uma alma irritante de sua própria casa.
Existe alguém a quem, mesmo sendo uma
pessoa de difícil trato, você possa falar uma
palavra gentil hoje – alguém que você possa
fazer se sentir apreciado e menos sozinho?

Tiago 1.8; Romanos 12.9; Salmos 151.5; Mateus 5.46

16 de agosto

O amor é a raiz de tudo o que eu sou, e quero que você aprenda a linguagem do amor. Quero que você gaste tempo meditando sobre o meu amor e na prática do amor. O amor não é um acidente de boa vontade ou de gentilezas geniais; ele é profundamente altruísta, penetrando através do núcleo aquecido e latejante de cada universo.

Meu amor santo não ignora nenhuma pessoa, nem qualquer sofrimento humano. Eu estendo misericórdia àqueles que, muitas vezes, o olho humano não pode perceber.

Sempre saiba: o amor não ignora ninguém, não insulta ninguém, não dá garantias de retorno, não refuta ninguém, não esmaga ninguém. Na perfeição do meu amor, há uma vida perfeita. Não há nada *maior*.

ROMANOS 5.1; JOÃO 4.7-11, 16.24; ISAÍAS 30.18-19; 1CORÍNTIOS 13.4-10; PROVÉRBIOS 10.12; MATEUS 5.48

17 de agosto

Quero levar os seus fardos pesados de hoje.
Quero lhe ensinar as habilidades de descanso
e como saltar para a minha bondade como que
mergulhando em águas frias refrescantes
em um dia quente.

Não ignore minha oferta de passar seus fardos
e preocupações para mim. Sozinha, você
ficará rapidamente cansada. Traga para mim
agora, com todos os encargos, as pressões das
circunstâncias da sua vida – elas vão diminuir
cada vez mais aos meus cuidados.

Descanse, minha querida. Estou renovando
suas energias. No meio da tempestade, eu vou
lhe dar a paz, doce como o mel, seu encantador
sabor revitalizará o seu corpo, a sua alma
e o seu espírito. Oh, sim, descanse!

Mateus 11.29-30; João 14.27; Tito 3.5-7; 2João 1.3

18 de agosto

A erva seca, a flor desaparece, mas a minha
Palavra permanece para sempre.
Minha Palavra é eterna e se mantém firme no
céu e na terra. Minha Palavra é a magnitude
da luz que entra em você enquanto a lê, e o meu
Espírito penetra em sua mente, alma e corpo.
Minha Palavra é a minha glória em suas mãos,
quando você consegue absorver, preceito após
preceito, o que tenho a lhe revelar. Portanto,
leia. Compreenda. Vou fazer mais do que
guiá-la; vou cuidar de você com o abraço que
abre os olhos, vindo da minha sabedoria, vou
alimentá-la com o conhecimento requintado
de quem eu sou e de quem você é em mim.
Minha Palavra é a iluminação que você precisa
para percorrer o caminho da verdadeira
paz, todos os dias.

Isaías 28.10, 13, 40.8; Salmos 119.89, 105;
Mateus 24.35

19 de agosto

Hoje, ore por iluminação lendo a minha
Palavra, para que as santas Escrituras possam
trazer nova vida e frescor até você, e que
possa também infundir em seu espírito, alma
e corpo a compreensão, a revelação e a cura.
Vou multiplicar sua fé como a chuva à medida
que você dedica tempo para o estudo da minha
Palavra. Estime esse tempo comigo mais do
que o seu pão de cada dia. Minha Palavra
é o alimento que nunca a deixa com fome.
Venha, e encherei seu coração como um cálice
recalcado e transbordante de bênçãos.

Lucas 6.38, 21.33; João 6.63; Josué 1.8; Jeremias 15.16

20 de agosto

Eu vejo os problemas que você
está enfrentando.
Oh, minha querida, você deve se lembrar de
que o que vem contra você contende *comigo*!
Use o seu poder, hoje, e repreenda
o devorador. Recuse-se a aceitar o triunfo
do inimigo de sua alma.
Pratique a verdade e abomine a mentira.
Saiba que o seu inimigo não é a carne ou
o sangue. Digo-lhe: use, hoje, a feroz
e invencível arma da *fé* para combater
a fonte de seus problemas.

Isaías 41.13; 2Coríntios 2.10.4;
Efésios 6.12, 16; Mateus 28.20

21 de agosto

Você está iniciando um novo caminho
no dia de hoje. Por isso, antes de dar seus
primeiros passos corajosos, receba
o bálsamo do meu amor.
Respire o aroma do meu amor que a rodeia;
sinta o aperto e o aconchego do meu abraço
e o calor de minha mão na sua. Deixe o meu
amor inflamar o seu coração.

Ouça o amor que coloquei em seu coração,
e confie para onde eu a enviarei. Confie
na tarefa. Confie no caminho.
Meu Espírito foi à sua frente, você não
precisa se esforçar por um único segundo.
Meu amor vai conduzi-la em suas
asas de favor soberano.

João 15.19; Deuteronômio 7.8, 13; 2 Timóteo 1.7;
Sofonias 3.17; Salmos 5.12

22 de agosto

Sua idade não importa, minha querida. Nunca julgue o valor da sua vida pelas limitações de um calendário. Eu tinha trinta anos antes de entrar no meu ministério público sobre a terra, e ministrei por apenas três anos.

Um momento do tempo é como mil anos na contagem de Deus, lembra-se? Cumpri a vontade de meu Pai livre dos limites de tempo da terra, e sua tarefa não é diferente. Você vai completar a vontade de meu Pai para sua vida. Fixe seus olhos e o seu coração em mim. *Ame-me*, acima de todas as coisas. Isso é o que importa.

Salmos 39.5, 89.47, 90.4, 103.24; Filipenses 2.8; João 14.21

23 de agosto

Quer você se regale em suntuosos banquetes, quer tenha de contentar-se com uma mesa simples, *lembre-se de me dar sempre graças por tudo.* Se você bebe em taças de ouro reservadas para os reis ou se precisa usar as mãos para beber a água, *faça isso por mim.* Quer se levante de madrugada, quer permaneça deitada até ao meio-dia; quer seja muito bem remunerada pelo que faz, quer trabalhe muito e não tenha o seu valor reconhecido; faça o que fizer e seja o que for, *faça isso por mim.* Trabalho, brincar, riso, amor, clamor. Seja o que for, ame a mim mais do que a qualquer coisa.

1Coríntios 10.31; Romanos 14.4-8; Mateus 22.37

24 de agosto

Imagine se as grandes cidades do mundo,
com todo o seu esplendor iluminado,
ficassem, de repente, nas trevas. A glória
do mundo pode perder a sua luz, mas não você.
Você, minha filha, é a luz do mundo.
Você é uma cidade situada sobre um monte,
que não pode ser escondida. Meu Espírito
Santo enche e inflama a sua vida, e sua luz
permeia a atmosfera espiritual ao seu redor.
Em todos os lugares por onde passar, você
traz consigo a minha presença, pois eu sou a
luz do mundo. As trevas odeiam a luz e saem
correndo e gritando. *Ande com a autoridade
de quem está na luz.*

Mateus 5.14-16; Salmos 43.3; Atos 13.47;
Filipenses 2.14-16; João 8.12

25 de agosto

Hoje, quero que você toque no veludo do
amanhecer e dê um simples aperto de
mão em um ente querido. Quero que você
demonstre seu amor àqueles mais próximos
de você com paciência, consideração,
carinho e oração, mesmo que você não
acredite que eles mereçam.
Eu espero isso de você.
Eles precisam de você.

1Pedro 1.22; Efésios 4.32; João 15.12-14, 17

26 de agosto

Estou segurando você na palma da minha
mão, aqui neste lugar muito particular onde
nenhum mal pode tocá-la. Sinta-se *em casa.*
Descanse aqui na segurança da minha mão
completamente coberta e protegida, situada em
um lugar seguro. Você pode descansar aqui,
e encherei seus sonhos com a minha paz.

Sabia que descansar em minha mão é o desejo
de toda a humanidade? A busca humana por
amor e segurança é um clamor que chega
a *mim.* Minha mão está aberta para você,
querida filha. Não há lugar mais seguro
e mais feliz do que aqui comigo – abrigada
e completamente amada.

Isaías 49.16; João 10.28; Salmos 91.1-2

27 de agosto

Viva a vida liberta, amada, acima dos cuidados que roubam de sua alma o voo da paz e da liberdade. Voe hoje! Suba para obter as suas alegrias há tanto esperadas! Já não conte as cicatrizes; mas, em vez disso, conte as orações que eu estou respondendo. Venha à minha Palavra hoje, deixe-se lavar com meu perdão. Como está a sua ferida? Deixe-me cuidar disso para você. Vou limpar a infecção e aplicar uma pomada especial de cura, para recuperar o que foi danificado. Vou derramar sobre você o óleo aquecido do meu Espírito, para renovar as suas forças. Seja corajosa, querida, e esteja, a partir de agora, brilhante, limpa e forte. Incendeie com meu Espírito suas asas da fé e voe! Suas cicatrizes serão o vento que vai impulsioná-la mais e melhor.

SALMOS 55.6, 103.5, 107.20; ISAÍAS 40.31, 53.5; JEREMIAS 30.17

28 de agosto

A chave para ser feliz quando você se
sentir deprimida é me louvar.
Adore-me em silêncio e com reverência.
Adore-me em sussurros agradecidos.
Louve-me no gemido. Engrandeça o meu
nome com tudo o que você tiver às mãos.
Adore-me com seus dons criativos.

Veja, eu abri meus portões sagrados para
você! Entre como se estivesse andando ao
fim de uma longa jornada vitoriosa, depois
de uma dura batalha. Passe pelos altos
pilares esculpidos ao longo do caminho
de ouro e entre os meus átrios sagrados
com ações de graças e mais adoração.
Seu louvor enche meu coração.

Salmos 33.2-3, 47.5-7, 51.15, 100.1-5

29 de agosto

Quando você está angustiada e se
sentindo desanimada, o que deve fazer?
Eu digo que deve cantar!
Quando os desapontamentos afetam seu
coração e você está abatida, cante. Sim, cante!
Já lhe mostrei que as turbulências da vida não
podem derrotá-la. Então, venha, descanse
sobre os meus ombros e cante para mim.
A canção da hora escura da alma
é significativa, assim como uma rosa após
a sua floração é significativa. A terra tenta
devorá-la com as suas tristezas,
mas eu lhe digo, suba mais alto;
um novo dia está chegando!
Sinta isso! Cante através da floresta da
decepção; cante para que aconteçam e nasçam
coisas novas. Cante, eu digo. Cante!

SALMOS 40.3, 42.8, 104.33; ISAÍAS 42.10

30 de agosto

Não tenha medo das lutas da vida. Sim, elas
virão sobre você, como setas que caem do alto,
repentinamente. As dificuldades chegam sem
avisar, pousando em vários lugares. Eu lhe
digo, então, que suba ao campo de batalha
e permaneça firme. Mantenha a sua posição!
Revide, tome a iniciativa da ofensiva.
Nunca recue, lute a batalha.
Eu sou sua força na desordem. Eu lhe dou
poder para vencer e um exército sagrado para
combater ao seu lado. Comigo, você tem
toda a ajuda de que precisa.

1Pedro 1.13; Apocalipse 3.11; Gálatas 5.1;
Isaías 41.10; Salmos 27.1, 91.11-12

31 de agosto

Você está tão preocupada com o futuro!
A preocupação é como uma chuva torrencial
batendo em uma flor que desabrocha
solitariamente. Logo, a torrente encurvará
a flor e dissipará sua fragrância. Logo, o que era
uma bela manifestação da natureza será um
fragmento no chão. Sua tempestade, que traz
preocupações, não é projetada por mim.
Você não vai sair dessa tempestade?

Se você se esforça para manipular as
eventualidades da vida, o seu esforço vai
congelá-la com preocupações, porque você
não pode *controlar* o futuro.
Deixe o amanhã para mim, minha querida,
e viva apenas o *hoje*.

MATEUS 6.27; FILIPENSES 4.6; ISAÍAS 4.6;
LUCAS 12.32; PROVÉRBIOS 16.2

SETEMBRO

E Deus é poderoso para fazer que toda a graça lhes seja acrescentada, para que em todas as coisas, em todo o tempo, tendo tudo o que é necessário, vocês transbordem em toda boa obra.

2Coríntios 9.8

1 de setembro

O dia em que você nasceu foi um dia
importante. Quando eu considerava o seu
nascimento, levei em conta a vida daqueles
cujo mundo você iria compartilhar. Então,
eu lhe dei um lugar entre eles. Dei-lhe a vida que
você tem, a fim de cumprir os planos que eu,
pessoalmente, projetei para você no mundo,
como você o encontrou.
Você nasceu perfeitamente a tempo.
Eu decretei, no mesmo dia, a hora e o momento
em que você deveria entrar na vida nesta terra –
minúscula, indefesa, dependente. Ainda pode
ouvir os anjos e a canção de boas-vindas que
eles cantaram enquanto você estava nascendo?
Meu Pai soprou o fôlego em suas narinas
e disse: "Isso é bom."
Dê graças por quem você é nesta hora.

SALMOS 22.9-10; ECLESIASTES 3.2;
ISAÍAS 43.7; PROVÉRBIOS 10.9

2 de setembro

Acorde, querida, vista o seu manto
de coragem, tendo a sabedoria
como sua acompanhante.
Coragem e sabedoria são armas poderosas
contra o diabo que, continuamente, tenta
intimidá-la. Você precisa de coragem
e sabedoria para ficar contra o inimigo,
permanecer forte e não se tornar vítima
de suas emoções. Vista seu manto de coragem
e segure firme a mão da sabedoria. Os seus olhos
se abrirão. Sua mente vai se arrepiar com essa
visão, e seu espírito será fortalecido.

ROMANOS 13.11; DEUTERONÔMIO 31.6;
PROVÉRBIOS 4.7; EFÉSIOS 6.11; 1PEDRO 5.8;
SALMOS 31.24, 32.8; JEREMIAS 15.20

3 de setembro

Quão pesado é o seu fardo hoje?
Você pode, sob o peso de seus próprios
problemas, ajudar a aliviar a carga cansativa
de outra pessoa? Pode parar de se queixar por
um momento? Você nunca é demasiadamente
confundida com seus próprios cuidados,
de maneira que não possa ajudar alguém.
Você nunca está tão enferma que não seja capaz
de levantar aquele que precisa de ajuda.
Você nunca está cega demais para ajudar
o outro a ver o seu melhor caminho.
Quando as barreiras e os obstáculos em sua
vida a entorpecerem a ponto de impedi-la
de ser um canal de minha bondade,
tente mostrar amor a alguém.

GÁLATAS 6.2; JUDAS 1.22-23; EFÉSIOS 4.32;
ROMANOS 12.10; MATEUS 5.7; HEBREUS 13.2

4 de setembro

Às vezes, a cabeça pode pender e seus ombros
caírem como sacos de cimento. Sim, a carga do
mundo é muito pesada para você levar. Eu lhe
digo, procure o que é bom em sua vida.
Você está cercada por minha bondade. Meu Pai
a ama e é *bom* para você.

Não há necessidade de carregar
o mundo todo em suas costas.
Sua vida é centrada em uma esfera
brilhante de *bondade* celestial.
Olhe para cima e veja suas bênçãos
já alcançadas. Eu sou bom para você.
Na alegria e na tristeza, eu sou bom para você.
Na vida e na morte, eu sou bom para você.
Apesar de todas as provas duras existentes
no mundo, *veja o lado bom.*

NAUM 1.7; SALMOS 34.8, 100.5, 145.9;
JOÃO 3.16; 1SAMUEL 2.8

5 de setembro

Você percebe o poder que tem em mim? Você possui um poder *ilimitado* quando exercita sua fé em quem eu sou. Você me honra e demonstra minha autoridade em vidas e acontecimentos humanos, exercendo com confiança e com certeza a sua fé em mim.

A fé só pode se expandir com o uso. Quando as coisas ficam difíceis, sua fé se torna uma ilustração viva de meu poder e graça.

Sua fé pode ser tão pequena como um grão de mostarda, mas, ainda assim, é suficiente para sacudir montanhas.

Hoje, coloque a sua fé para ser usada como nunca antes. Aproveite a motivação da minha vontade e ore pelo impossível.

Mova montanhas!

MATEUS 9.29, 17.20; TIAGO 2.17;
JOÃO 6.28-29; HEBREUS 2.4, 11.6

6 de setembro

Um coração de pedra não tem pulso. Mas eu
lhe tenho dado um coração de carne, capaz de
amar e se compadecer. Compaixão é o centro
do meu coração misericordioso. A compaixão
não repele ou ignora as necessidades
inconvenientes e confusas de outros.
A compaixão não azeda quando as coisas dão
errado. A compaixão nunca é rude, ela não
julga duramente, nunca é rápida em
condenar e é *sempre* amorosa.
Uma pessoa sem compaixão é como um poço
sem água ou um rio cujo leito só tem poeira.
Ser uma pessoa sem compaixão é ser como uma
fruta caída, murcha, na areia.
Você foi chamada e escolhida por mim.
Santa e amada! Portanto, seja compassiva em
suas escolhas hoje.

Colossenses 3.12-13; Mateus 9.36, 25.35-40

7 de setembro

Saia comigo hoje, vamos rir e ser livres.
Estou lhe oferecendo um momento de
refrigério espiritual. Deixe-me abraçá-la com
contentamento e uma adorável sensação de
bem-estar. Seja minha filha despreocupada!
Eu não somente amo o trabalho que você faz em meu
nome, mas também amo o seu momento de lazer.
Pense em ter tempo para brincar como um
presente para mim, brincar com todo o seu
coração! Tenho prazer em tudo sobre você.

Êxodo 33.14; Mateus 11.28;
Salmos 18.19, 128.2; 1Timóteo 6.6

8 de setembro

Seu corpo depende de você para cuidar de suas necessidades. Seu corpo é o templo do meu Espírito. Portanto, busque um modo saudável de viver. Tenha hábitos e uma alimentação que favoreça sua saúde. Faça exercícios físicos e mantenha-se sempre ativa.

Fraco e sem uso, seu corpo vai ficando estagnado. Querida filha, o seu corpo é a casa para a sua alma e o seu espírito, e você não pode alugar esse espaço em outro lugar. Alguns vivem para glorificar seu corpo, mas eu lhe digo que me glorifique com seu corpo.

1Coríntios 6.19; 1Timóteo 4.8; Colossenses 2.23

9 de setembro

Não seja tímida. Hoje, mostre seu sorriso com
graça e espalhe o meu amor. Não se deixe
intimidar quando lhe disserem que você nada
pode fazer para melhorar o mundo à sua volta.
Quando você está sendo liderada pelo meu
Espírito Santo, não pode ser amiga do mundo.
Sei que você quer ser boa para todos. Para
trabalhar totalmente e de maneira triunfante
no meu Reino, tire seu traje de timidez
e todos os sorrisos e coloque a minha armadura
completa, como uma guerreira valente
e inteligente que eu criei para ser.

Isaías 59.19; Tiago 4.7;
2Coríntios 10.4; Efésios 6.11-12

10 de setembro

Hoje, estou lhe concedendo as doses extras
de graça e sabedoria das quais você precisa.
Não permita que sentimentos de inadequação
venham visitá-la por um momento. Não há
um só servo meu na face da Terra que seja
inadequado para as tarefas que eu lhe atribuir.

Você precisa de graça para ter a coragem de
entregar a sua montanha de responsabilidades
a mim. Espiritualmente, você está habilitada
para a grandeza! Não entregue o seu glorioso
poder em mim por causa das dúvidas.
Estou cumprindo meu propósito em você,
e as escolhas que você enfrenta hoje dependem
do seu corajoso e sábio estado de espírito. A graça
vai lhe trazer a recompensa quando
você menos esperar.

TIAGO 1.5-6; PROVÉRBIOS 2.6; JOÃO 1.17;
2PEDRO 3.18; ROMANOS 8.28

11 de setembro

Quando há dificuldades em sua vida e seu dia
não está indo bem, lembre-se: a chuva
vem sobre os justos e os injustos.
Não sou mau. Eu sou o Deus do qual flui toda
a bondade. Sou a fonte da misericórdia, de onde
brota toda a compaixão. *Eu sou amor.*
Não pense que o sofrimento humano
é resultado da minha perfeita vontade.
Não pense que eu instigo a pobreza, a doença,
a destruição, o fracasso, a perda e o sofrimento
de todos no mundo de hoje. Acontece que este
mundo escolheu afastar-se de mim.
*Eu vim para derramar vida neste mundo,
e vida em abundância!* Estou aqui para
transformar o sofrimento humano. Estou aqui,
hoje, para transformar a sua vida!

Lucas 18.19; 2 Tessalonicenses 2.16; Salmos 52.11,
84.11; João 10.10; 2 Coríntios 9.8; Romanos 12.2

12 de setembro

Percebo a sua necessidade de luz no fim de um túnel aparentemente sem fim. Lembre-se: eu vou antes de você, para deixar o caminho a seguir limpo e claro. Não pense que você está sozinha. Tudo o que peço é que fique comigo, perto o suficiente para sentir o meu calor.

Eu a estou levando em segurança, após os desvios escuros da tentação e da dúvida. Estou lhe mostrando como passar por tudo isso apesar do ar pesado e viciado e dos desmoronamentos emocionais. Estou levando-a através de planos falhos e esperanças frustradas.
Eu a estou preparando para um novo amanhã, banhado pela condução do meu plano perfeito. Quando você firmar o seu pé, no limiar de sua nova vida, vai haver muita celebração.

Salmos 27.1, 139.10-11; Romanos 6.4, 13.12; Êxodo 33.14; Jeremias 29.11; Sofonias 3.17

13 de setembro

Hoje, ande no Espírito, para que você não se
enrosque em coisas pesadas do mundanismo
fútil. A fim de permanecer extremamente perto
de mim e experimentar os inúmeros benefícios
que ofereço, defina a sua alma como um relógio
e venha para o meu trono com mais frequência.
Venha com louvor e com gratidão; venha com
o seu lindo amor e sua fé.

Adore-me, juntamente com as legiões
de anjos que sabem que no louvor está a fonte
da qual brotam todas as minhas bênçãos.
Você pode pedir e negociar, mas meus ouvidos
santos respondem à fé. A fé germina quando
alimentada e exercitada pela adoração amorosa.
Defina a sua alma como um relógio e venha
a mim para saber quem eu sou. E contemple todo
o meu favor explodindo sobre você.

SALMOS 22.25-27, 29.2, 95.6; JOÃO 4.24; APOCALIPSE
7.11; ISAÍAS 6.3; HEBREUS 10.23; DEUTERONÔMIO 28.2

14 de setembro

Deposite suas esperanças nas coisas *do alto*,
e não fique com a atenção desviada pelo ruído
que você ouve de baixo, no porão da vida.
Eleve-se pelo meu Espírito.
Estou aqui em cima, em um *alto* e sublime
trono, mas permaneço atento ao clamor
de meus filhos. Na casa de meu Pai há muitas
moradas. Estou preparando lugar para você.
Por isso, esqueça-se dos problemas deste
mundo e mantenha os olhos fixos em mim.
Onde está você?

COLOSSENSES 3.1-2

15 de setembro

Nunca, por um instante, duvide de mim.
Eu vejo todos e sei de tudo. Hoje, eu estou lhe
mostrando mais dos mistérios de meu Reino.
Abra os olhos do seu espírito e ouça com seus
ouvidos espirituais, pois os meus caminhos
não são um enigma para os seres humanos
resolverem, mas um modo de vida que
transporta paz, amor e alegria ao coração
humano. O mistério escondido de que falo não
é revelado no mundo, mas incorporado em
poder e sabedoria celestial e divina.
Se você continuar a buscar respostas para o que
procura no celeiro do mundo, pode até comer,
mas não ficará, nunca, satisfeita.
Vim para satisfazer a alma sedenta, trazer
alegria ao infeliz, esperança aos feridos
e inspiração àquele que me busca. Eu vim com
um banquete celestial para você hoje.
Venha cear comigo.

Salmos 16.11, 90.14; 2Timóteo 1.9;
1Coríntios 4.20; Provérbios 2.2; Apocalipse 3.20;
Cânticos dos Cânticos 2.4

16 de setembro

Os olhos humanos não viram, nem os ouvidos
humanos ouviram. Nunca entraram,
no coração de qualquer ser humano, as coisas
que preparei para todos os meus que me amam.
Meu Espírito perscruta as profundezas,
e a única maneira de me conhecer é ser um
comigo. Jogue fora as imagens de outros deuses.
Eles são meras figuras de pedra, madeira
ou metal, sem qualquer poder.

Querida, você não recebeu o espírito do mundo,
mas o meu Espírito! Procuro por todas
as coisas, e *sei todas as coisas*. Estou revelando
meu coração para você e desejo que me ouça.
Quero que conheça as coisas que têm sido dadas
livremente a você por mim. Quero que saiba
mais do que você pensou ser possível saber.

1Coríntios 2.9-12; Romanos 8.27; Levítico 19.4;
Isaías 44.9; Mateus 11.27; Marcos 4.11; João 15.15

17 de setembro

Permita-me deslizar minha mão por baixo da sua carga, ajudando-a a levantá-la. Meu amor por você é de tal intensidade que é impossível escapar do meu olhar atento. Eu estou colado em você. Nós experimentamos a vida juntos, minha querida. Não estou insensível a tudo o que acontece com os meus filhos. Não; *eu estou com você todos os dias*, até à consumação dos séculos. Você é preciosa para mim, e aqueles que você ama também o são. Qualquer coisa que preocupa você também me preocupa! Mas, lembre-se, não há qualquer medo no amor, e o que a assusta me escapa totalmente. *Eu não temo nada.*

Filha, você e eu somos *um* no Espírito. Então, se eu não temo nada, sou onisciente e Todo-poderoso, presente em todos os lugares ao mesmo tempo. Sabendo disso, diga: o que amedronta você? Ore em meu nome para se livrar do medo e da mente preocupada. Ame-me, e viva! Eu tenho coisas maravilhosas aguardando por você hoje.

MATEUS 11.30; 1PEDRO 5.7; 1JOÃO 4.13, 18;
EFÉSIOS 6.18; GÁLATAS 2.20

18 de setembro

Ouça. O movimento do meu Espírito é como o som do vento. A evidência de minha presença está ao seu redor e dentro de você. Eu ouvi suas orações no vento do meu Espírito. Seu amor e seu coração compassivo me tocaram. Estou cumprindo a minha Palavra em você hoje, e as bênçãos serão como a chuva, correndo para a terra. Elas estão vindo até você. Apenas e tão somente, creia em mim.

Atos 2.2; Salmos 5.12, 66.3, 91.15, 145.18; Deuteronômio 5.24; Isaías 1.18; Jeremias 9.24

19 de setembro

Quando se olha no espelho, o que você vê?
Os olhos que a contemplam revelam
a paz do meu Santo Espírito?
Contente-se com as circunstâncias da sua vida.
Você precisa de disciplina.
Saiba que nem sempre vou atender a todos os
seus desejos, nem sempre irei atender às suas
muitas demandas. Não, eu vou forjar
e formar o caráter e a força em você!
Você nunca vai ser feliz sem disciplina. Estou
na porta do depósito de disciplina, recebendo
uma carga para o seu reabastecimento.

Atos 13.52; 1Timóteo 6.6; Provérbios 29.1;
1Coríntios 11.28; Hebreus 12.7-11

20 de setembro

Eu sei do que você necessita. Você está
preocupada com o que vestir, com o
que comer, onde morar...
Você se sobrecarrega com contas a pagar
por causa das coisas que comprou
apenas para fazê-la sentir-se mais
abastada do que realmente é.
Olhe para os lírios do campo, meu amor; eles
não trabalham nem fiam, e estão vestidos de
uma beleza estonteante e escandalosa. O rei
Salomão, o monarca mais rico em todo o mundo
de sua época, não usava roupas tão bonitas
como um único lírio. Você está preocupada com
a roupa de seu corpo? E o que você me diz sobre
o guarda-roupa de sua alma?

Lucas 12.27; Mateus 10.30-31; Eclesiastes 5.11

21 de setembro

Não se deixe intimidar porque lhe falta
o conhecimento da minha Palavra. Não se
preocupe. Eu estou falando diretamente ao seu
coração hoje; assim, você vai se maravilhar
com a realidade da minha presença sobre você.
Sinta a presença de Deus. A paz, a oração
respondida e o fato de que existe um Salvador
que a ama! Embora a frustração tenha lhe
provocado uma constante irritação e você
tenha se sentido incompleta no passado,
não quero que se deixe intimidar por esses
sentimentos por mais tempo. Venha à minha
Palavra e absorva em seu coração a confiança
e a garantia que, livremente, eu lhe ofereço.
Deixe-me remover de sua mente todos os
fragmentos de incerteza, porque uma conexão
vibrante comigo dissipa todo o negativismo.
Não se preocupe. Eu a entendo!

PROVÉRBIOS 2.6; 18.15; SALMOS 16.11, 42.8;
ATOS 2.28; HEBREUS 9.24; JOÃO 1.12, 14.18, 15.16

22 de setembro

Sempre pense em si mesma como uma
pessoa íntegra, alguém que não confia em
falsos pretextos. Você não tem nenhuma
necessidade de se vangloriar, de mentir ou
de se enrolar com falsas aparências para
ganhar aceitação ou manter a paz.
Sua integridade se deleita em ser leal.
Palavras bordadas com lisonja e intenções
desonestas constroem falsidade e engano.
Esse é o comportamento que você deve,
a todo custo, evitar. Eu amo a honestidade
e a fidelidade; eu amo a integridade
e a incorruptibilidade da sua alma.

Provérbios 10.9, 19.1; Romanos 8.10; Salmos 66.16

23 de setembro

Ouça as suas próprias palavras. Você pode ouvir o murmúrio de suas próprias queixas? Quando você reclama, é como se vivesse como uma sombra, sempre no escuro, sem substância.

Os seus resmungos são trevas e fumaça. Eles vão desaparecer à luz da minha Palavra. Apegue-se, portanto, à verdade. Apegue-se ao que é realmente substância. Apegue-se ao que vem do coração. Suporte os golpes e busque a sabedoria. Suporte a dor. Viva a vida!

Honre este dia, minha querida. Viva plenamente e o estime por tudo o que ele traz para sua existência. Aceite o dia de hoje com tudo o que ele vier a se tornar, não importa o que seja. *Viva o presente* com toda a sua sabedoria, coragem e compaixão. *Ame o presente* com o magnífico poder da sua fé.

Salmos 55.2; Números 11.1; Deuteronômio 31.6, 33.27; Filipenses 4.11-13; Romanos 5.3; 2Coríntios 1.3; Provérbios 2.6; Hebreus 11.1

24 de setembro

Conheço a traição que você sofreu, e sei o quanto duramente você tentou se esconder de seus medos de ser ferida novamente. Minha querida, deixe-me tirar as marcas que ainda sobraram de seu espírito ferido. Você pode enfrentar seus medos! Na humildade do meu amor e no poder do meu Espírito, proclame a supremacia da minha Palavra sobre sua vida, para permitir que a paz que lhe foi roubada seja restaurada. Seja fiel à minha Palavra, *eu irei restaurar a sua alma.*

Vou fazer de sua vida um farol de honra, mas preciso que você faça a sua parte. Então, levante-se e vá se banhar nas águas da gloriosa vitória que começa hoje.

SALMOS 23.3; JOEL 2.25; ZACARIAS 9.12; 1CORÍNTIOS 15.57

25 de setembro

Hoje, minha mão está sobre você. Não fique desanimada. Você vai obter vitórias em mim, caso não permita que seu coração permaneça fraco e caído.
Estou revelando-me a você de maneiras novas e profundas. Tenho reservado novos céus para que você alce voo, vales íngremes para atravessar, colinas altas para subir – e, em todas essas situações, você verá minha mão em tudo o que tocar, e vai trazer a minha alegria com você aonde quer que vá. Eu amo você!

ROMANOS 12.12; GÁLATAS 6.9; 2CORÍNTIOS 9.8; 1PEDRO 1.13 ; JEREMIAS 31.3

26 de setembro

O respeito vem com um preço.
A honra não é gratuita,
e a integridade é merecida.
Aqueles que se orgulham com vaidade
podem irritá-la, minha filha. Você nunca
vai fazer amizade com o orgulho, a menos
que se curve até os seus pés, e você poderia
ferir os joelhos estando tão inclinada.
Esqueça isso. Deixe o orgulho enterrar
o orgulhoso. Você, querida, caminhe sempre
com dignidade e humildade e será feliz
sabendo que está livre.

2Timóteo 3.2-4; Salmos 40.4;
Romanos 6.17-18; 1Pedro 5.5-6

27 de setembro

Conheça a minha mente. Eu sou maior do que tudo o que você possui ou sonha. Sou muito mais do que todos os seus desejos. Você pode acumular para si mesma alguns bens, tais como: carros, casas, viagens, imóveis, investimentos, ouro e prata; pode ter posses e bens em abundância.

Todavia, não dedique seu coração a eles.

A quem deposita sua fé e seu futuro naquilo que pode acumular neste mundo, eu digo: "Louco, esta noite te pedirão a tua alma; e o que tens preparado, para quem será?"

Em mim, você não tem nenhuma falta. Não importa o quanto existe em sua conta bancária nem o que você tem à sua volta. Jamais deleite-se nos seus bens; encontre a verdadeira alegria em mim. Quero que você entre no lugar onde o seu coração estará sempre livre e sua mente, sempre em paz – e este é o lugar de riquezas *espirituais* intermináveis.

Filipenses 4.18-19; Provérbios 10.22;
Colossenses 3.2; Salmos 49.6-7, 16-19

28 de setembro

Não há lugar em sua vida para a mediocridade. Nada sobre mim é discreto ou sem brilho; nada sobre mim é secreto, morno ou insosso. Se você levar o meu nome, não pode andar no mundo como alguém que passa despercebido. Uma embaixadora do meu Reino *não nasceu para ser invisível*. Eu sou santo, Todo-poderoso, Deus onipotente – e, como minha filha, você está na terra refletindo a mim e a vastidão do meu poder. Abra seus ouvidos e me deixe falar com e por meio de você. Obedeça-me plenamente. Que a nossa *relação* possa ser vista por todos. Não há nenhum substituto para o meu amor por você, e nada que possa ficar no lugar de seu amor por mim. Isso, por si só, faz com que você e sua fé sejam eternamente únicas.

SALMOS 48.14; DEUTERONÔMIO 5.24; 1CORÍNTIOS 13; APOCALIPSE 3.16

29 de setembro

A sabedoria quer ser sua parceira na vida.
A sabedoria quer preservar seus dias e
lhe proporcionar bom senso, perspicácia,
equilíbrio. A sabedoria quer torná-la
mais exigente e esclarecida.
A sabedoria quer lhe ensinar quão bonita
sua vida é, e quão honrada você se torna
quando é chamada a viver pela fé.
A sabedoria não permitirá que você lamente
ou definhe por aquilo que não é seu. Ela irá
lhe mostrar que eu fiz a prosperidade e a
adversidade para seu benefício. A sabedoria
quer que você tenha minha mente e seja feliz.
Hoje, tome posse de minha sabedoria e não a
deixe se afastar nunca de você.

PROVÉRBIOS 1.1-7, 4.7, 9.10, 17.24; TIAGO 1.5

30 de setembro

Quero lhe dizer uma grande verdade:
sua vida é boa, irei sempre ajudá-la por
intermédio das tempestades do mundo,
bem como das tormentas de sua mente.
Vou tirá-la de cada turbilhão opressivo.
Não nutra pensamentos destrutivos contra
si mesma. Quando você estiver cansada,
eu vou buscá-la e trazê-la em meus braços.
Vou fazê-la forte e colocar uma nova música
em seus lábios. Esteja em paz com o ontem
e olhe com esperança para o *hoje*.
Amada, olhe ao seu redor! Veja
a fonte da vida. Tudo é novo, fresco.
Tudo é possível; tudo é nosso!

CÂNTICO DOS CÂNTICOS 2.10-13; SALMOS 39.7, 107.28-29;
3JOÃO 1.2; ROMANOS 9.17

OUTUBRO

Eu a amei com amor eterno;

com amor leal a atraí.

Jeremias 31.3

1 de outubro

Quero que você suba até os braços da minha
bondade neste novo mês que se inicia. Quero
que você se aconchegue na segurança do meu
amor e misericórdia. Sinta-se totalmente
segura em meu cuidado, como uma criança
pequena para com sua mãe. Estou criando
novos caminhos que a levam para os lugares
sagrados da minha habitação.
Sabedoria e conhecimento são os seus faróis
acesos, e digo-lhe que a alegria da vida será
sua. Eu não engano e não minto. Quero você
junto de meu doce abraço, comendo o fruto do
contentamento, sob meu olhar vigilante.
Oh, aproveite o que eu tenho para
você hoje! Valorize essas palavras.
Tudo o que eu tenho é seu.

Salmos 31.19-21, 36.7-9; Números 23.19;
Hebreus 6.17-18; Provérbios 2.6-7; Lucas 12.32

2 de outubro

No passado, você já olhou para as
pessoas procurando aprovação.
Você se comparou com os outros e foi laçada
pelas noções instáveis de inferioridade e,
até, de superioridade. Eu a coloco sobre a
terra para ser uma estrela no meu Reino e
para me glorificar. Quando você me colocar
em primeiro lugar, e sua forma de viver me
agradar, então eu farei com que até
mesmo seus inimigos estejam em paz com
você. Coloque-me em primeiro lugar a partir
de hoje e você experimentará meu
favor para realizar a sua vocação com
dignidade e sucesso.

Jó 10.12; 1Pedro 1.23; Provérbios 16.7;
Salmos 33.9; Eclesiastes 10.10

3 de outubro

Você pode parar de se comparar com os
outros e começar a viver principalmente
para *minha* aprovação? Oh, as bênçãos
e delícias que esperam por você são muitas!
Aqui, comigo, você vai descobrir a alegria
duradoura, do tipo que não se evapora
diante do primeiro sussurro de uma seca
emocional ou onda de calor. A alegria
que lhe dou desdenha o comportamento dos
amigos e a fisionomia oca dos heróis falsos.
Quando você descobrir seu próprio valor –
que é imenso – em mim, vai
parar de se comparar com os outros
e começar a acreditar na pessoa que eu criei
para ser. Sua confiança vai inspirar
e atrair muitos para mim.

Atos 10.34-35; Tiago 2.5; 2Coríntios 10.12; Salmos
32.3, 107.9, 118.18; Hebreus 10.35

4 de outubro

Minha querida, eu estou aqui. Chego para ajudá-la a resolver as suas necessidades. Todavia, espere em mim. Eu tenho o meu tempo para todas as coisas. Como quem tira um coelho de uma armadilha, eu estou aqui para libertá-la das artimanhas do inimigo. Vejo todos os perigos que você ainda desconhece; conheço as ciladas que estão postas sob os seus pés. A minha promessa de mantê-la segura é como ferro fundido e está escavada em rocha sólida. Fique perto de mim. Sou seu protetor contra todos os perigos. Estou aqui para lhe mostrar como sobreviver às tempestades da vida, quando elas se abaterem sobre você. Os dardos da dúvida, da raiva e do medo serão arremessados em todos os lugares, mas não irão atingi-la enquanto você estiver em meus braços.

Salmos 68.19, 91.1-14; Hebreus 6.17-18;
2Tessalonicenses 3.3; 2Coríntios 1.20

5 de outubro

Quando seus pensamentos ansiosos se multiplicarem em você como ervas daninhas sobre um campo florido e você for consumida pela incredulidade, pare por um momento e olhe para mim. Você pode me achar nas trevas da noite de sua mente? Seu medo é mais mortal do que as presas da serpente; mais ameaçador do que o leão faminto na caça.

Os seus pensamentos ansiosos são como ladrões que a espreitam, tentando roubar, matar e destruir a sua paz. Não dê nem mais um minuto para o medo; ele é o chamado do chacal, a saliva venenosa do lagarto.
Seja corajosa!
Nunca houve um santo sem tristeza, nunca houve um herói sem impedimentos.
Hoje, descarte o veneno do medo e tome o seu lugar de força e honra para mim.

Salmos 27.1-3, 91.13, 94.19, 100.1-4; 2Timóteo 1.7; 1João 4.18; Hebreus 13.6

6 de outubro

Você estava esperando por respostas às suas
orações e para isso teve paciência.
Não deixe a dúvida mordê-la no pescoço,
já que você chegou até aqui confiando em mim.
A dúvida vai tirá-la de sua fé simples, como
se descasca uma laranja.
Eu disse que nunca iria deixá-la para além
dos gritos de confusão que você ouve. Mas,
saiba: eu estou aqui, ao seu lado. Estou lhe
respondendo, mas no *meu* tempo.
Deixe-me levá-la para o lugar que é *melhor*
para você. E deixe-me trazer o melhor para
você. Deixe-me multiplicar meu *melhor* para
sua vida. Não é sempre *melhor* esperar o que
vale a pena? Suporte um pouco mais, minha
querida. Suporte com triunfo.

Tiago 1.3-4, 5.16; João 15.7; Salmos 27.14;
Hebreus 6.14; Atos 20.32; 1Coríntios 2.9

7 de outubro

Hoje é o dia no qual você pode tomar o seu lugar na minha divina escola dos bravos. Hoje é o dia de tomar o seu lugar e ser forte e confiante em quem você é! Como uma boa aprendiz, você não vai mais lamentar a falta de coragem e ousadia em meu nome, porque eu serei o seu único e suficiente mestre. Você não terá permissão para dormir demais, sem uma luz para guiá-la para o momento da verdade, quando você vai se levantar vitoriosa contra o medo e a vergonha. Aqui, na minha escola, você vai valorizar os seus dons. *Deixe o fraco dizer: eu sou forte.*

Naum 1.7; 1Coríntios 16.13; João 14.1; Hebreus 4.14-16; Salmos 119.11; Efésios 6.10-11, 16; Judas 1.24-25; 2Crônicas 15.7; Joel 3.10

8 de outubro

O medo do futuro é um inimigo mortal, que age com pesada munição contra você. Ele insulta a sua integridade espiritual, provocando-a a se preocupar com o futuro, quando EU SOU seu futuro certo. Nenhuma pestilência irá vencê-la, apesar de suas preocupações e medos.

Eu lhe dei uma vida abundante para apreciar e agradecer! Portanto, abra o seu coração e sua mente para receber as maravilhas que irá receber por causa de tudo isso.

Pare hoje e medite sobre o que significa vida abundante e o que isso representa para você neste momento. Considere as horas, os dias e os anos à frente; então, veja-os transbordando de abundância, com a bênção, com a prosperidade, com o amor e com a alegria.

É tudo seu!

1João 4.18; Salmos 9.10-11, 23.4-5; Isaías 12.2; 2Coríntios 8.7

9 de outubro

Hoje, eu estou capacitando-a a resistir
à tentação de retornar à sua velha maneira
de pensar. Estou capacitando-a a renunciar
à autopiedade e à vanglória, porque o seu
coração está preparado para subir livremente,
com alegria exuberante!
Não se deixe enganar ou levar-se pelas
mentiras demoníacas com tristeza,
incredulidade e infelicidade. Isso vai fechar
as cortinas sobre o panorama glorioso de meu
criativo plano para sua vida. "Pobre de mim"
não é uma expressão que os céus reconhecem.
Hoje, abra essas cortinas da verdade e cale
os pensamentos ímpios. Por que permitir que
o seu melhor seja capturado e que os seus pontos
fortes acabem paralisados? Você alegra o meu
coração. E diga a si mesma a *verdade*.

PROVÉRBIOS 23.7;
EFÉSIOS 3.14-16, 4.23-24, 5.8; JOÃO 8.32

10 de outubro

Quando olha apenas para bênçãos e orações
respondidas como a única garantia e prova do
meu amor, você limita a sua experiência sobre
mim e sobre quem eu sou. Meu presente para você
é o completo vocabulário da poesia da vida. Meu
presente é a literatura de toda a vida, mesmo as frases
discordantes e passagens que são difíceis e trágicas.

Quando suas orações e desejos estão centrados
apenas em bênçãos mundanas e recompensas, e não
em mim, um dia o desencorajamento se tornará
seu amigo. Estou aqui para lhe dar a plenitude
dos presentes para a sua vida, mas entendo
que até mesmo as lutas e dificuldades podem
ser consideradas presentes. Elas foram feitas
para transformá-la e para torná-la ainda mais
brilhante, bonita e parecida comigo.
Você pode estar muito satisfeita com a vida
e seus caminhos pedregosos, da mesma forma
que estaria se estivesse com sol e com flores?
Os maiores presentes que lhe dei são aqueles que
você carrega dentro de você, minha filha.

Tiago 1.2-3; Salmos 71.1-2; Mateus 7.11;
Filipenses 4.11; João 14.26; Efésios 1.13; Atos 2.4

11 de outubro

Faça o trabalho que eu a chamei para fazer
hoje. Seja corajosa, seja forte!
Derrube as fortalezas. Lute a boa luta. Resista
sempre ao diabo. O poder é seu. A sabedoria
é sua. A coragem é sua. A paz que excede todo
o entendimento é sua. Deixe-me ser o guia
amoroso e amigo que lhe prepara para tudo
o que somos chamados a fazer hoje.
Observe com a mente de Cristo, em cada
palavra que você fala e em tudo o que
fizer, deixe-me ser a inspiração.

SALMOS 119.11, 143.10; FILIPENSES 4.7, 13; EFÉSIOS
6.10; 1CORÍNTIOS 16.13-14; 2CORÍNTIOS 2.16, 9.6-8

12 de outubro

Na oração que dei como exemplo, eu ensinei
o homem a orar pela libertação do mal. O mal
sobre o qual quero que você pense hoje é a sua
própria tendência ao pecado. Não há um ser
humano sequer sem tendência ao pecado. Por
essa razão, estou lhe dizendo hoje que fique
atenta ao seu próprio desejo de andar
para trás em armadilhas como o ciúme,
a ganância e um espírito crítico.

Eu lhe dei o poder do Espírito Santo para
transformar cada ninho ou semente de discórdia
em seu coração em um lugar adequado, uma
casa limpa e acolhedora para mim. Olhe em
seu coração agora. Prometo aliviar e libertar
a sua vida de tudo o que você reconhecer
como erro e depois confessar a mim.

MATEUS 6.9-13

13 de outubro

Nunca suponha que eu seja a causa de sua tentação ao pecado. Eu nunca a levaria para esse caminho. Eu não tento ninguém; cada um é tentado pela sua própria cobiça. Quero que você entenda que a tentação e as provas são duas coisas diferentes. Abraão não foi levado pela tentação de oferecer seu filho, Isaque, como um sacrifício para mim. Ele foi, isto sim, *provado com o teste de obediência* para refinar e construir sua fé – e ele foi, portanto, extremamente abençoado.

O teste de obediência não é o mesmo que a tentação ao pecado. O *diabo* tenta levá-la ao pecado. *Eu a liberto do pecado!* Vou iniciar agora provas de fé para fortalecê-la e atraí-la para estar mais perto de mim. Quero vê-la habilitada com sabedoria, coragem e força interior. Quero vê-la se levantando com caráter, dignidade e piedade genuínos. Confie em mim!

MATEUS 6.13; HEBREUS 11.17; TIAGO 1.3;
1CORÍNTIOS 10.13; 1TIMÓTEO 3.16, 6.11

14 de outubro

Nunca pare de orar. Entretanto, quero que entenda
que suas orações podem ser prejudicadas por uma
atitude equivocada em minha presença. Se suas
súplicas não forem centradas em mim, mas
apenas em seus interesses pessoais, elas serão
inúteis. Nenhum ser humano tem o direito de levar
o crédito por qualquer oração respondida.
As orações respondidas são *minhas*!
Não há ninguém mais que possa atender
a uma súplica feita com fé, senão *eu*.

Coloque os anseios de seu coração dentro dos
desejos do meu coração e os entregue, juntos,
a mim. Ore, *acreditando* que eu vou responder.
Quando suas fervorosas orações, ricas em fé,
forem enriquecidas com a moeda do amor,
eu jamais a deixarei sem resposta.

João 15.7; Mateus 21.22; Tiago 5.16;
1Tessalonicenses 5.17; Marcos 11.24;
Hebreus 4.16; Salmos 145.18-19

15 de outubro

Quero que você saiba que sou aquele que cuida
do ferido, do desesperado e dos pobres. Quero que
veja que nada escapa do meu olhar que a tudo
vê. Nenhum dano é demasiado trivial e nenhum
dilema é pequeno demais para que eu não esteja
atento às necessidades daquele que me clama.
Eu sou o Deus de reis, e sou o Senhor dos pardais
e dos lírios. Ana, já de idade, orou anos por um
filho. Eu a ouvi desde a primeira vez, é claro;
mas respondi no meu tempo, e não no tempo dela.
Ela não desistiu, mas continuou a clamar por mim,
porque a vontade dela e a minha eram *uma só*.
Ela queria o que eu queria! Ana intensificou o meu
desejo com o seu próprio e, finalmente, a oração
dela foi para a minha honra. Ambos queríamos um
filho para ela e a oração foi atendida. A história
de Ana e a do nascimento de Samuel, que acabei de
lembrar, é para encorajar você, querida, a procurar
mover o seu coração e ir para o pensamento do meu
coração quando você orar, e não desistir.
Confie em meu propósito, confie em meu carinho.
E confie que eu sei o tempo certo para tudo.

Mateus 5.3; Lucas 6.20; 1Samuel 1.20;
Salmos 31.15, 103.17; 1Pedro 5.7

16 de outubro

Não vou deixar você cair, não se preocupe.
Sempre estive aqui, para segurá-la, para guiá-la
e protegê-la – e *sempre* estarei aqui. Não estou
distante, como alguns pensam; eu estou *em* você.
Sim, eu seguro sua mão, mas também
compreendo o seu coração. Se estou em você,
isso quer dizer que, com sua escolha, você pode
fundir os seus pensamentos com os meus.

Seus sonhos, seus desejos e suas paixões não
estão separados dos meus quando somos um.
Hoje, quero que você se livre das garras
mundanas em sua vida que a fazem ir para lá
e para cá, como um inseto que tenta ultrapassar
o vidro de uma janela fechada.
Foque em *mim*, e nós vamos voar juntos para
o seu destino divino.

ISAÍAS 40.28, 31; 2CORÍNTIOS 4.18;
FILIPENSES 4.13; HEBREUS 7.26

17 de outubro

Você é preciosa para mim. Nunca se esqueça
disso. Nunca perca de vista essas palavras
protetoras e de segurança. Estou plenamente
consciente de cada faceta do seu caráter. Sei
de todas as suas escolhas, conheço seus pontos
fortes e seus defeitos. Eu a conheço melhor do
que você mesma. Seus objetivos na vida são
muito simples, e, ao mesmo tempo, seus alvos
não possuem muito foco.
É por isso que a sua confiança é superficial.
Então, abra os olhos para obter entendimento
agora e pare de permitir que as nuvens
do pecado e da autocensura continuem
a desperdiçar sua energia. Eu lhe dou o fôlego
da respiração e numero cada um de seus dias.
Assuma o controle de suas escolhas de hoje,
e me faça senhor de absolutamente tudo.

ROMANOS 8.35-36; JEREMIAS 31.3;
SALMOS 90.12; JÓ 14.5; 1JOÃO 1.9

18 de outubro

Sei que você está necessitando de ajuda e estou
lhe respondendo. Mas, primeiro, quero que
você veja a si mesma como uma só comigo. Não
estamos separados, à parte um do outro. Você
não está estacionada em terra firme enquanto
eu estou, acima das nuvens, apenas observando
suas conquistas e dissabores.
Entenda que meu Espírito está *em* você.
Estamos unidos desde o seu *interior*,
você está ouvindo? Estou aqui, agora! Estamos
espiritualmente ligados por uma divina fusão
milagrosa, a qual faz de nós *um só espírito*.
O que é nascido da carne é carne; porém,
meu Espírito Santo, ligado com o seu espírito
humano, criou uma nova vida em você. Agora
mesmo, aqui e agora. Neste minuto.
Querida, eu estou em você. Ouça com o *coração*,
e você vai me ouvir.

João 3.5-6, 16.13; Lucas 3.16; Atos 22.14

19 de outubro

Hoje, você está carregando um fardo pesado,
e pode sentir-se cansada e deprimida por
causa disso. Oh, querida, eu também já
carreguei um fardo, contudo, o meu é *leve*.
Gostaria de trocar o peso da sua carga
pela leveza da minha?
Quando sua carga a oprimir e você se sentir
pesada e cada vez mais exausta,
venha e divida seu jugo desproporcional
comigo, onde você encontrará descanso,
alívio, leveza e frescor.
Deixe-me ensinar-lhe os ritmos fáceis que a
graça pode dar. A leveza do meu fardo pode
ser sua. Ele é fácil de transportar. Então,
sinta-se abençoada, porque, *juntos*, podemos
lidar com qualquer coisa.

MATEUS 11.29-30

20 de outubro

Você se chama de generosa, e é isso realmente o que você é. Você é uma doadora. Você ama doar, e eu aprecio saber que você tem amor para oferecer. Você dá coisas boas para as pessoas, é atenta às necessidades alheias e tem o coração sensível à dor que existe à sua volta. Isso é muito bom!

Hoje, porém, quero que você se lembre de me dar o próximo presente antes de embrulhá-lo. Quando você comprar um presente para alguém, pense nisso como uma dádiva ofertada a mim. No entanto, se você doa apenas porque se acha boa e porque doar lhe faz ganhar uma atenção extra, isso se torna uma doação equivocada. Eu lhe dei o seu coração doador para que seu doar fosse sempre centrado em mim, e não em você. Dê os seus presentes para mim em primeiro lugar. Eu amo você!

Números 18.29; 2Coríntios 9.7; Êxodo 34.14; Salmos 29.2, 95.6; 1Crônicas 16.29

21 de outubro

Um presente é medido pelo esforço e pelo amor que
levou alguém a dar. E cada presente que você dá vai
fazer parte de seu galardão celestial, onde nada é
calculado por números, mas por integridade. Quero que
veja a autoridade divina em cada um dos presentes
que você dá às pessoas. Quando você dá um presente por
meio de seu esforço, sofrimento, sacrifício, dor, trabalho
e alegria, isso carrega uma autoridade poderosa. Comece
a proclamar a autoridade dos seus dons, porque tais
presentes não são meros atos de caridade, eles
são beijos que você dá para mim!

Os presentes que você dá a partir de um coração
abnegado devem ser dedicados a mim primeiro,
e depois ser entregue aos seus destinatários. Não
importa quão simples ou grandes eles sejam: é o
coração do doador que se multiplica. E você dá a
partir do coração que é verdadeiramente seu e meu.

HEBREUS 6.14; 2CORÍNTIOS 9.15;
PROVÉRBIOS 18.16; JOÃO 6.9-14; MATEUS 10.8;
1CORÍNTIOS 2.12; APOCALIPSE 21.6

22 de outubro

Quanto mais perto estamos, mais fácil é para
você aceitar ser amada por outros.
O amor não é algo que você ganha.
Você é amada porque é alguém amável.
Eu lhe dei muitos presentes para serem
compartilhados, e à medida que você encher
o seu coração e sua mente com o crescimento que
a aproxima de mim, mais vai querer chegar perto
o suficiente para aceitar o amor daqueles que
a cercam. Eles têm muito a lhe dar. Realmente,
deixe-se ser amada. Encha seu coração por
inteiro com as minhas palavras. Preencha toda
a sua mente com a minha mente. Preencha
o seu corpo com a minha plenitude.
Encha sua alma com o conhecimento da minha
vontade. Minha querida, um novo espírito
refrescante e criativo está prestes a surgir em você.

1João 4.7-8; Ezequiel 36.26;
João 17.3; 2Coríntios 5.17

23 de outubro

A moeda do céu é o amor. Vamos olhar para a sua
conta bancária celestial hoje. Você já computou
os gastos e os depósitos feitos nos últimos tempos.
Quanto aumentou, em comparação ao que já
havia depositado anteriormente? Você abriu sua
conta celestial com *amor*?

O amor é mais do que um sentimento humano,
e fazer boas ações é uma expressão de quem eu
sou. E EU SOU AMOR. Creio que já percebeu
como se multiplica e se expande sua conta
celestial quando você faz depósitos regulares
de amor. Você ajunta tesouros que se multiplicam
e também acrescenta juros cada vez que faz
seus depósitos de amor.
Se soubesse quão feliz você faz todo o céu
quando derrama o seu amor para mim, só
então poderia distribuir a imensidão de sua
riqueza em amar os outros.

DEUTERONÔMIO 6.5; JOSUÉ 22.5; SOFONIAS 3.17; MATEUS
22.37; JOÃO 13.34; ROMANOS 12.10, 13.8; 1PEDRO 4.8

24 de outubro

Eu assisti a uma pobre viúva colocar suas
duas últimas moedas no tesouro do templo.
Sua humilde oferta, lembrada
até hoje por minha Palavra, é celebrada
como um precioso dom.
Quanto ou quão pouco fica em suas mãos não
importa. O que importa é a sua dedicação
para multiplicar generosidade e fé.
Seja uma embaixadora do meu Reino e um
mordomo fiel do que lhe tenho confiado.
Use o que é meu, mas que tenho
deixado sob seus cuidados, com equilíbrio
e dignidade. Não é a frugalidade que
eu honro; é a sabedoria e a fé.

MALAQUIAS 3.10; 1CORÍNTIOS 2.12;
LUCAS 12.48, 21.1-4, 6.38; MATEUS 6.21

25 de outubro

Não tenha medo dos maus sentimentos. Apenas responda-lhes de coração aberto e íntegro, mas sempre à luz do meu amor. Não deixe sua irritação e sua raiva não resolvida ficarem escondidas em recônditos do seu ser. Enquanto permanecerem dentro de você, elas vão enfraquecer seu espírito. Venha para a luz comigo. Vamos ver claramente e ouvir atentamente, de modo que enfrentar seus sentimentos irá revelar o que você precisa saber sobre si mesma. Sei que você é amada e segura. Você está habilitada e perdoada. Você está próxima de algo maravilhoso. Nada pode levá-la a ser menos do que você mesma permitir. Eu lhe dou o poder e a autoridade do meu nome para lançar todo impedimento fora. Substitua os tentáculos da raiva que estrangulam seu pescoço de ira e substitua-os por abraços de misericórdia. A liberdade e a paz são suas.

Efésios 4.26; Salmos 37.8, 91.1; Provérbios 15.18, 16.32, 19.11; Colossenses 3.8; João 8.36, 14.13

26 de outubro

Conheço as razões de seu
comportamento. Você precisa de amor,
e faz de tudo para ser relevante
e apreciada. Quero você amada, relevante
e apreciada também – por mim e pelos
que a cercam. Quero que você ande
na minha bênção.
Quando seus caminhos me agradarem,
você terá o meu favor. Tenho
a grandeza logo adiante, preparada
especialmente para você: respeito,
apreço, amor e relevância. Portanto,
minha filha, busque a mim, e não tente
satisfazer seu próprio ego.

Salmos 27.1-14, 32.8, 37.23, 119.9, 28; Isaías
40.29; Provérbios 16.7, 19.21; Efésios 3.16-17

27 de outubro

Você anda ocupada e cabisbaixa demais para enxergar com clareza tudo que tenho preparado para você. Posso fazer milagres em sua vida, se você me deixar. Você pode parar de se preocupar, filha. Estou em você pelo meu Espírito e a guiarei pelo meu Espírito, transformando as coisas para você, abrindo caminhos para libertá-la. Eu sou o seu médico divino.

Não se preocupe com os pecados do passado. Você está perdoada. Esqueci as coisas que você continua fazendo questão de mencionar.

Se você foi tola, lembre-se de que eu lhe disse que o tolo vai confundir os sábios, então santifique o seu coração e o torne aceitável em mim.

Deixe-me administrar as suas situações. Deixe-me ser aquele que faz milagres em sua vida, e você irá proclamar toda a minha autoridade e poder.

MATEUS 17.20; LUCAS 1.37; ROMANOS 6.6; SALMOS 32.8, 73.24; ISAÍAS 58.11; JOÃO 16.13; HEBREUS 2.4; 2CORÍNTIOS 5.7

28 de outubro

Hoje, coloque para fora de sua mente os erros que outros têm cometido contra você. A maldade dos outros não tem poder sobre você, a menos que você lhes dê tolamente esse poder.

O ressentimento vai levá-la à amargura, eu estou lhe dizendo: não desperdice sua saúde mental e espiritual com o que você não pode mudar.

É hora de empurrar as ofensas para fora das gavetas de sua mente bonita. Amargura é algo que vai matando aos poucos, como uma doença maligna que avança sobre células e tecidos sãos. Ela vai fazê-la se fechar e mantê-la fora da ação do meu Espírito, além de torná-la prisioneira em sua própria cabeça.

Hoje, eu a estou chamando para confiar em mim para trazer novas e fabulosas bênçãos para a sua vida.
Quero que você confie em mim, humildemente, para que possa enfrentar as calamidades que suportou com coragem – porém não mais traumatizada, e sim com santa confiança e paz perfeita.

Mateus 6.12, 14-15; Isaías 38.17; Efésios 4.31; Hebreus 12.15; Romanos 8.38-39

29 de outubro

Estou chamando meu povo para fora
da reclusão. Eu o convoco para fora, no calor
da minha batalha final!
Estou chamando meus guerreiros que já
fizeram muito no passado, mas que hoje
sentem-se velhos e fracos. Chamo, também,
os jovens, que têm força e vigor, mas carecem
de experiência. Eis que chamo homens
e mulheres, moços e idosos, mestres e neófitos
para fora de sua zona de conforto.
É chegado o momento de lutar e de fortalecer
a presença do meu Reino entre os homens.
E eis que chamo você, minha filha, para
integrar as forças daqueles que, um dia, foram
lavados e remidos pelo sangue do Cordeiro.
Prepare-se!

Zacarias 10.5; Isaías 64.4; Hebreus 10.23;
Salmos 18.39, 31.3, 48.14; 1Coríntios 14.8; Naum 2.1

30 de outubro

Estou fazendo uma grande obra na sua vida e
na vida de milhões e milhões de pessoas que,
em todo o mundo, têm me seguido, apesar das
dificuldades e da opressão do mundo.
Essa obra começou quando vocês saíram do
reino das trevas para o Reino do meu amor. Ela
continua a cada dia, quando contemplo as lutas
dos meus filhos para que se mantenham fiéis a
mim. Eis que contemplo o sofrimento dos que
são perseguidos pela fé em mim. Vejo, também,
as dores dos que padecem com enfermidades,
mas não abrem mão da comunhão comigo.
Dores, angústias, provações – de tudo o que
acomete meus filhos, eu tenho consciência.
Eis que estou com vocês todos os dias,
até a consumação dos séculos.
Eu sou Jesus. Eu estou vivo. Eu vejo tudo.
E amo aqueles que me amam e cumprem
os meus mandamentos.

1Pedro 3.3-4; Hebreus 4.16; Romanos 6.4;
Efésios 2.4; 2Coríntios 5.17

31 de outubro

Todo o céu está por trás de seu sucesso. As palavras que eu falo criam a vida e o poder; assim, hoje, tenha a minha palavra como sua autoridade, sua força, seu escudo e o ar que você respira. Se você vir a verdade em tudo o que lhe digo, sua fé se intensificará, seu sucesso brotará além da capacidade humana a tal ponto que você fará acontecer o que ainda não foi feito, apenas por acreditar e falar em voz alta.

Eu já não lhe disse que tudo o que você pedir, em meu nome, eu responderei?

Não está escrito que a fé é a essência das coisas que não se podem ver?

Em mim, você terá um pleno sucesso que eu já havia ordenado para sua vida desde o início.

Josué 1.8-9; Hebreus 4.12, 11.1;
Provérbios 1.23; Marcos 11.24; Salmos 40.5

NOVEMBRO

Provem e vejam como o SENHOR é bom. Como é feliz o homem que nele se refugia!

Salmos 34.8

1 de novembro

Você nasceu no momento perfeito e
no tempo exato. Eu a chamei para ser,
em um momento como este, meu farol
perante o mundo. Tenho cada um de
seus dias diante de meus olhos.
Cada momento seu e cada respiração
sua são importantes para mim.
Não há erros no calendário sagrado de
Deus; por isso, hoje, eu estou chamando
você para ser grata e para honrar cada
dia que lhe concedo sob o sol.
Sua vida está sempre diante de mim.
Valorize todos os momentos de sua vida
como eventos sagrados. Aprecie
o dia de hoje.

ESTER 4.14; SALMOS 17.2, 34.1, 37.23;
COLOSSENSES 3.4; 1PEDRO 1.23-25, 2.9

2 de novembro

O céu se alegrou com o seu nascimento e regozijou-se novamente quando você me deu seu coração. Anjos cantam no altar do coração arrependido.

Eu sou o seu escudo, a sua glória, aquele que levanta a sua cabeça. Ouça a minha voz hoje. Estou levando-a para um novo caminho, você vai me ouvir no silêncio e na quietude da sua mente. Volte seus pensamentos em direção à minha gentil orientação. Você pode sentir o meu amor por você?

Lucas 1.79, 12.8, 15.7, 10; Salmos 23.1-2; Lucas 1.79; Filipenses 4.7; João 16.27

3 de novembro

Hoje, seja boa consigo mesma. Seja bondosa, gentil e compassiva consigo mesma, como eu sou misericordioso com você. Os erros cometidos contra você podem ter magoado e irritado profundamente o seu coração. Sei que você realmente sofreu com tudo isso. Mas eu lhe digo, querida filha, que essas aflições irão produzir um eterno peso de glória em sua vida, se você me deixar pegar sua mão e levá-la a experimentar a verdadeira e profunda liberdade interior. Você tem em seu interior o poder de perdoar; e quando perdoa, os pecados cometidos contra você perdem sua importância nos escaninhos de sua memória. Não quero que você continue ferida e dando à voz do inimigo seu tempo e atenção. Perdoe e seja livre. A dor é temporária; a glória é eterna. Deixe, então, aumentar a minha glória dentro de você. Seja boa consigo mesma. Perdoe. Perdoe a si mesma. Perdoe a vida.

Efésios 4.31-32; 2Coríntios 2.10, 4.17-19;
Salmos 119.50; 1Pedro 1.8, 5.11

4 de novembro

Eu sou o autor do amor e do que ele
domina sobre a terra.
Toda a criação foi formada por amor.
Quando se absorve em meu amor,
vibrando com a sua intensidade, você, então,
começa a transpirar amor de volta para
mim e para o mundo ao seu redor.
Essa é a força da vida entre nós, você e eu
– um poder maior do que qualquer coisa na
terra. É a essência da eternidade.
Hoje, permita que o seu amor seja puro
e altruísta, faça todos os esforços para dar
e receber com um coração generoso. Seu único
propósito é amar e ser amada por mim.
Tenho prazer quando você anda segundo
a minha vontade.

1Coríntios 13.13; 1Pedro 4.8; 1João 2.5, 10, 15,
3.11, 23, 4.8-9, 11, 16, 19

5 de novembro

Tantas decisões... O que fazer? Em qual direção ir? Você deve fazer as coisas desta ou daquela maneira? Será que você vai para a esquerda ou para a direita? E será acompanhada por quem? Quando você se encontra no vale da decisão e não consegue encontrar sentido para nada, muito frequentemente as suas decisões são baseadas no que você acha que vai fazê-la feliz e no que será mais vantajoso para *você* – e, mais tarde, quando estiver comendo o fruto amargo de suas escolhas e se engasgando com seu gosto ruim, você vai me culpar porque eu não a detive antes. Você não aprendeu até agora? O vale da decisão é um teste para refletir sobre o que seria melhor para você e para mim.

Sempre se pergunte o que honrará o meu Reino. Pois, saiba: aquilo que me honra sempre a honrará também.

Joel 3.14; Josué 24.15; 1Samuel 2.30; Apocalipse 4.11

6 de novembro

Quando você me deixa de fora de seus planos e decisões, eu não interfiro. Afinal, você tem seu livre-arbítrio. Se você optar por se deitar com os cães, é livre para isso. Caso queira andar em companhias não recomendáveis, siga em frente. E se preferir seguir outros deuses, como fez o povo de Israel no passado, as consequências serão suas. Não impedi Adão e Eva de comerem o fruto proibido. Não destruí o bezerro de ouro feito aos pés do Sinai; tampouco detive Judas em sua intenção de trair seu Salvador. Eles tiveram, como você tem hoje, o dom da escolha.

Eu lhe dei o dom da livre escolha para que você possa decidir pelo bem de livre vontade. Todas as coisas lhe são lícitas, mas você sabe que nem todas lhe convêm. Eu lhe dei o livre-arbítrio para tomar decisões gloriosas, fazer a terra tremer e abençoar o seu mundo. Hoje, você tem escolhas a fazer. O que você vai escolher? Vida ou morte, qual vai aceitar?

Deuteronômio 11.26-28, 30.5; 2Coríntios 9.15; Jeremias 7.23; Atos 5.29

7 de novembro

Acaso eu criei a suculenta maçã e o delicioso pêssego para si mesmos? Eu fiz as flores, lindas, para que se deleitassem? Não, criei todos eles para *você*. Dentro de cada fruta existem sementes que se multiplicam cada vez mais, produzindo outras conforme seu tipo. As flores têm seu pólen, que se espalha no ar, gerando novas plantas que, um dia, hão de florir. Meu Espírito Santo vive em você como o centro sobrenatural da vida que gera mais de mim – e, por causa disso, o mundo pode ser abençoado por meio de você. Nunca houve um pêssego arrancado de seu pé para seu próprio bem. Jamais uma flor foi colhida para embelezar a existência dela mesma.

E você, querida, vive e se desenvolve a partir da minha árvore da vida, tendo o doce e belo sabor celestial multiplicando mais de mim, agora – exatamente onde você está.

GÊNESIS 1.11, 26-28, 9.3, 17.2; EZEQUIEL 17.8, 47.12; MATEUS 3.8; JOÃO 15.2

8 de novembro

Querida, a grandeza é o meu trabalho, não o seu.
Peço apenas seu amor. Obras sem amor
significam pouco para mim.
Você se lembra de ter lido sobre meu
encontro com a samaritana, junto ao poço
de Sicar? Tive sede, e ela não só me deu água,
mas, diante das minhas palavras, realizou
uma celebração de louvor e de amor.
E você, o que fez? Estou com sede de seu
amor. Antes de jejuar e sacrificar seus bens
a mim, veja o propósito daquilo que faz.
Minha chama viva transforma a sua alma.
Eu sou assim. Hoje, ande em sua própria
celebração de louvor e de amor.

DEUTERONÔMIO 6.5; JOÃO 4.7-42, 14.23;
SALMOS 16.2, 103.1-5

9 de novembro

Quando você precisar de uma cura física,
venha e olhe fixamente para a cruz, onde eu
venci suas doenças e seus pecados. Na minha
Palavra, eu já lhe disse que, quando você sabe
a verdade, ela a torna uma pessoa livre. Abrace
essas palavras em seu coração hoje.
Verdade rima com liberdade.

Abra-se totalmente para receber o que eu
lhe disse. Pense, creia e ame a verdade, que
a liberta de seus males físicos, emocionais
e espirituais. Proclame a minha Palavra, para
ser fiel a seu precioso corpo. Ame seu corpo
como eu amo, e seja curada.

MATEUS 8.17; 1PEDRO 2.24; JOÃO 8.32; SALMOS 103.3

10 de novembro

Hoje, quero que veja quão preciosa você é para mim. Eu já lhe disse que a minha Palavra é vida para você e saúde para todo o seu corpo. Isso significa que eu amo *todo o seu ser*, não importa qual a forma, o tamanho, a idade ou o estado físico em que ele esteja. Mergulhe nesta verdade. Vista-a como uma veste de justiça. *Minha Palavra é vida e saúde para o seu corpo.* Hoje, absorva o que estou lhe dizendo. Separe um tempo em sua agenda para encontrar as minhas palavras de cura e saúde e torná-las suas. Suas! Eu sou o Senhor que revigora, cura, restaura e renova a sua vida como a da águia. Acredite nisso hoje e honre o seu corpo.

Provérbios 4.20-22; Salmos 103.1-5; Êxodo 15.26; Jeremias 31.17

11 de novembro

Não subestime a importância de suas lágrimas.
Eu recolhi e contei cada uma delas, minha
querida. Meu coração é grande o suficiente
para sentir a sua dor.

Estou com você na necessidade e na
abundância, na alegria e na tristeza. Você pode
ser tentada a pensar que a aflição vem de mim,
mas nunca a tratei mal. Não aflijo a sua alma.
Eu quero salvá-la. Nunca dei as costas quando
o perigo veio à sua vida, mesmo quando você
sequer sentiu a minha presença.

Eu não a deixo quando as coisas estão dando
errado em sua vida. Meu amor por você não
poderia vacilar, nem por um instante.
Vou recolher suas lágrimas em minhas mãos
e transformar cada uma delas em mais
um diamante para a sua coroa.

João 14.27; 1Coríntios 1.9;
Hebreus 13.8; Apocalipse 21.4, 7

12 de novembro

Se você errar o seu caminho, ainda
assim pode sempre contar comigo para
vir ao seu encontro. Minhas mãos
estarão abertas para transportá-la
ao lugar ao qual você pertence.
Seu lar está no centro muito específico
de minha vontade, minha querida.
Comigo, você experimentará uma vida
plena. No entanto, jamais se desvie
voluntariamente do caminho em
que deve seguir. É com dificuldades que
o justo é salvo, e aquele que perseverar
até o fim, esse será salvo.
Oh, querida, não espere nem um
segundo. Tome o rumo do lar. E seu lar
é aqui, ao meu lado.

PROVÉRBIOS 3.5-8; SALMOS 91.1; HEBREUS 4.16

13 de novembro

Se você tomou alguns caminhos
errados e começou a se emaranhar em
relacionamentos dos quais gostaria de sair,
eu estou aqui para ajudá-la.
Tenho planos para você; planos de paz,
planos de vida, planos para abrir portas
de novas possibilidades.
Então, venha para mim de forma aberta,
honesta, e vamos fazer um novo começo.

Removerei o que estiver fazendo mal em sua
vida e vou colocá-la em seu suave destino.
Coloque sua fé em mim. Seja forte e confie
em mim.

Salmos 103.3-4; Jeremias 29.11;
Filipenses 1.6; Provérbios 3.5-6

14 de novembro

Não duvido de sua fé, minha filha.
Duvido de suas dúvidas.
Seus sentimentos e emoções não são fontes
confiáveis para que você se baseie apenas
neles para tomar decisões importantes.
Lembre-se de que enganoso é o coração
do homem. Em mim, você tem a orientação
de que precisa, porque tenho o plano
certo para a sua vida.
Você está muito próxima de meu coração.
Nunca duvide do meu amor, nem de quem
você é em mim. Portanto, tome as suas
decisões comigo.

MATEUS 10.30, 14.31; TIAGO 1.6; JOÃO 16.33;
SALMOS 25.9; ISAÍAS 58.11; 2CORÍNTIOS 5.17

15 de novembro

Meu poder está trabalhando em você,
poderosamente, no dia de hoje.
Minha Palavra fez você viva, e, agora,
o poder do céu a está puxando para
fora da sujeira do mundo, da sua
confusão e tentações. Querida, você
vai experimentar a vitória sobre essa
situação que está passando. Comece
a pensar no problema como resolvido.
Portanto, já pode ficar aliviada. Coloque
os seus pés em seu novo caminho com
alegre expectativa.

Salmos 119.43, 50; João 8.36; Provérbios 30.5

16 de novembro

Pare por um momento, respire fundo, permita
seus ombros relaxarem, e fique quieta.
Deixe que as palavras a seguir alcancem
seu coração e sua mente:
O justo florescerá como a palmeira.
As palmeiras vivem muito tempo, querida.
Muitas espécies vivem mais de cem anos.
A palmeira floresce, produz seu fruto
na estação certa e é
uma fonte de beleza para o mundo.
Minha filha, você é linda para mim,
e os seus dias estão em minhas mãos.
Respire fundo outra vez, pois você traz
a palavra *florescer*
em seu coração e em sua mente.
Agora, suave e docemente,
feche seus olhos e creia.
Hoje, floresça.

SALMOS 46.10, 92.12-14

17 de novembro

Há um tempo certo para todas as coisas.
Fique atenta, meu amor, e você vai
entender. Você não pode viver uma vida
egoísta na carne e, ao mesmo tempo, estar
disponível para o meu Espírito.
Hoje, faça a escolha deliberada para que
sua vontade seja sempre a de obedecer
à minha Palavra, para me adorar e caminhar
na sabedoria. Tenha autoridade sobre suas
escolhas e direcione o seu coração para
a grandeza que provém da minha sabedoria
e do meu conhecimento.
Eu sei contra o que você está lutando.
Mas suas estratégias, ainda que sejam
inteligentes, não darão resultado longe
da minha presença. Logo, logo, você vai se
cansar. Você pode confiar na minha vontade
para a sua vida hoje?

Provérbios 4.5; João 6.63; Salmos 95.6; Judas 1.20-21

18 de novembro

Quando a fúria da vida e os medos do
dia chegarem até você, fazendo sua
garganta se apertar e seu estômago
embrulhar, ouça a melodia que estou
cantando para você. Fique calma,
em silêncio e ouça a música mais
gostosa que o ouvido humano pode,
um dia, ouvir – uma canção doce,
suave e perfumada é minha canção
de amor para você. Vibre de alegria
com a minha melodia, mesmo estando
em meio ao barulho provocado pela
tempestade ao seu redor e descanse
sua vida preciosa em mim.

Isaías 30.30; 2Tessalonicenses 1.7;
Romanos 5.5; Sofonias 3.17

19 de novembro

Fico feliz quando você se recusa
a permitir que seu ego seja a força
central para mover a sua vida. Fico feliz
quando você não se desespera com
as angústias da vida.
A sabedoria a ensinou a parar de fazer
as coisas para impressionar o mundo.
Fico satisfeito quando você nega o seu
desejo ardente por aprovação e descansa
no meu amor e na minha aprovação. Fico
feliz quando você me diz que a vida que
está vivendo agora é para me agradar,
e que você a vive pela fé em *mim*.
Voluntariamente, dei minha vida
para que você possa vibrar com
a minha glória e para ouvi-la falar
essas palavras para mim.

GÁLATAS 2.20

20 de novembro

Se você mantiver os olhos presos ao
mundo e às suas recompensas, será
confundida. Se você almeja o prazer e
só pensa em fazer o que a satisfaz, tenta
sempre evitar a dor e não quer esquecer
suas memórias dolorosas, vai continuar
sem enxergar as bênçãos espirituais que
tenho reservadas para você.
Querida, é preciso coragem para ser
verdadeiramente feliz, e os prazeres
temporários nunca a satisfarão. Hoje,
quero lhe dar uma mente clara como
olhar por uma janela limpa.
Quero que você seja corajosa e enfrente
o mundo com todas as suas dificuldades
e dissabores, mas olhando para a
minha bondade e misericórdia. De fato,
bondade e misericórdia estão sempre
ali, à vista de todos.

1Coríntios 2.12; Salmos 33.6

21 de novembro

Abra seus ouvidos espirituais e ouça
a harmonia perfeita que vive em
você. Ouça a voz do céu como se fosse
um concerto, abrindo seu coração e
cantando junto. Vozes de anjos são
elevadas nas alturas em adoração
ao seu Criador.
Eles estão cantando uma canção
de felicidade. Estão compondo a
bela música de amor, alegria, paz,
longanimidade, benignidade, bondade,
mansidão, fidelidade e domínio próprio.
Você vai cantar essa canção.

Zacarias 2.10; Gálatas 5.22-23

22 de novembro

Por que você acha que eu disse que mais abençoado é dar do que receber? Você não acha que seria mais abençoado por estar recebendo? Oh, mas me ouça agora. Você está, de alguma forma, recebendo quando dá! Quero que você assimile esse princípio agora, e nunca se esqueça. Quando você doa a partir do coração, dirigido por mim e para os meus propósitos, você está, realmente, *recebendo*. Quando você doa de forma comedida, preocupada apenas consigo mesma e suas pequenas necessidades, isso é exatamente o que você recebe de volta: pouco. Quando você doa como eu dou, generosamente, alegremente, ricamente, isso é exatamente o que você vai receber em troca. O retorno em bênçãos sem medida é seu. Talvez a pergunta seja *onde* você deve dar. Há sempre aqueles com as palmas das mãos abertas acenando para você; então, eu lhe digo, *escute seu coração*. Quando você está emocionada com o prazer de doar, não haverá espaço para egoísmo, dever, obrigação ou culpa. Vamos doar juntos?

Atos 20.35; 2Coríntios 9.6-9; Provérbios 11.25

23 de novembro

Não quero você ocupada demais com obras
religiosas ou esforços que tentam provar
quão santa você é. Não quero ver meus filhos
arrogantes, como pessoas que se sentem
melhores que outras, e levantando bandeiras
de falsa justiça.

Quero que você me veja com meus braços
abertos a todos da minha criação e,
especialmente, para os da minha própria casa.
Quero que você entenda quão precioso é cada
ser humano e cada sopro de vida.
Quero que você seja *apaixonada por mim*
e ame os outros. Eu expresso, na verdade, uma
permanente paixão de amor eterno, onipresente,
e lhe peço que você viva nesse amor também.
Os rudimentos da religiosidade não lhe trarão
a verdadeira satisfação espiritual.

Colossenses 2.16, 23; Lucas 12.44; Provérbios 11.9;
Mateus 6.5, 23.5; Deuteronômio 6.5; João 13.34-35, 15.13

24 de novembro

Quando você direciona sua mente para um
pensamento ou ideia, e esse pensamento
cria raízes em você, ele vai dominá-la. É por
isso que eu já lhe disse que direcione sua
mente preciosa às coisas que são verdadeiras,
honradas, justas, puras, amáveis, gentis
e graciosas. Encha sua mente com tais
pensamentos, e eles vão crescer em você
até que se tornem uma parte de você.

Quero que você pense e reflita sobre isso e, então,
acabe com os pesados pensamentos profanos
que, muitas vezes, existem em sua cabeça.
Repreenda o erro da sua mente, que
a direciona para lugares escuros, e insira
a minha mente em sua vida. Você vai crescer
mais perto de mim todos os dias e vai
experimentar uma bela vida de liberdade e paz.

FILIPENSES 2.5-8, 4.8; 1CORÍNTIOS 2.16; SALMOS 103.3;
1PEDRO 2.14; JEREMIAS 30.17; JOÃO 14.27

25 de novembro

Paciência, minha filha. Seja paciente.
Você é uma parte importante do meu grande plano
eterno, e não apenas como alguém que já foi ou que
poderia ter sido. Para mim, você é o que é.
Você é o agora, é a que está no time, a minha filha
autêntica. Mandei você ir a campo com minha
unção e bênção para praticar minha presença em
todos os lugares, com todos e em todas as coisas.
Vença a frustração. Aceite o tempo que a realização
exige. Seja paciente com o seu amigo. Esteja pronta
para qualquer coisa. Hoje, pense em encontrar a
felicidade como você sempre sonhou. Persevere
na escalada sempre para cima, a fim de vencer
a sua luta e as horas ingratas da vida.
Deixe sua alma se expandir e crescer, não se
contorcendo pelos problemas com a frustração de
quem quer fazer algo difícil de conseguir. Quero que
você seja forte em sua natureza e completa em mim.
O sofrimento é uma parte do triunfo. Lembre-se disso.

MATEUS 16.26; TIAGO 1.2-3

26 de novembro

Quando está sozinha e em silêncio, você
tem o privilégio sagrado para se olhar com
olhos honestos e claros, sem qualquer
influência externa. Não tenha medo
de passar algum tempo sozinha. Em
seus momentos de solitude, você tem a
oportunidade de ouvir a si mesma e de
observar cuidadosamente a maneira como
está vivendo. É preciso ousadia e coragem
para puxar para baixo o véu de neutralidade
e dar uma boa olhada, penetrando em si
mesma, à luz da minha Palavra.
Você se vê continuamente cativada
por mim? Você me envolveu em todas
as situações de sua vida? Em todas as
atividades? Em todos os relacionamentos?

2Coríntios 13.5; Salmos 26.2; Romanos 8.6-8;
Gálatas 6.8; 2Timóteo 2.4, 22

27 de novembro

A cada novo dia, eu lhe dou a oportunidade de beber da fonte de alegria e de florescer como uma linda rosa brotando.

Pegue as diferentes partes de sua vida e dê uma boa olhada nelas. A qual lugar exatamente cada uma pertence? Por acaso, todos os pedaços são necessários? Quais deles devem ser mantidos e quais podem ser jogados fora? Quais peças você acha que vai reparar? Onde estão as peças que se encaixam perfeitamente no conjunto? O pior nunca é o pior. Eu a chamei para florescer com cada parte de sua vida no lugar certo.

ECLESIASTES 7.8; JÓ 14.7-9; SALMOS 42.11; JEREMIAS 31.17; PROVÉRBIOS 11.28

28 de novembro

Estou preparando um banquete de iguarias
maravilhosas para a sua bela alma no
dia de hoje. Venha e festeje *comigo*, para
celebrarmos a nossa amizade. Experimente
a alegria de uma alma renovada!

Quero que reconheçam sua necessidade por
alegria. Quando gemer com fome espiritual
e se saciar apenas com alimentos terrestres,
conversa fútil e entretenimento vazio, você
vai continuar com fome.
Você não pode viver *plenamente* sem a minha
perfeita alegria, que flui em suas veias.
Eu morri na cruz para lhe dar o dom da minha
alegria. Hoje, vamos nos alegrar *juntos*!

PROVÉRBIOS 15.15, 17.22; NEEMIAS 8.10; SALMOS 100.1

29 de novembro

Eu valorizo sua fé. Sua fé em mim
é construída sobre o amor, e é grande
o suficiente para mover montanhas, curar
os doentes, dar esperança aos desesperados
e coragem aos fracos. Da fé, nasce todo o bem,
dando a autoridade para superar o mal
e os mares perigosos e desconhecidos.
Sem fé, é impossível me agradar. Quero que
você entenda a imensidão de uma semente
de mostarda minúscula de fé.
Entenda que um bonito ato de fé,
se praticado em mim, tem o poder para
mudar o curso da história humana.

HEBREUS 11.6; JOÃO 6.28-29, 14.12;
GÁLATAS 6.9; 1JOÃO 5.4; MATEUS 17.20

30 de novembro

Meu Espírito, o doador de vida, dará
uma nova chama aos seus esforços de
hoje e produzirá nova vitalidade para
o que você estava fazendo cansada.
Você está sendo abençoada com
a liberdade para realizar coisas novas.
Levante-se e brilhe, porque a sua luz já
chegou! A minha glória está toda sobre
você. Você está radiante!
Oh, que dia especial é hoje! A alegria,
mãe do entusiasmo, irá enchê-la.
Então, levante-se e vá em frente,
minha querida!

CÂNTICO DOS CÂNTICOS 2.13; JOÃO 6.63; ISAÍAS 60.1

DEZEMBRO

Eu disse essas coisas para que em mim vocês tenham paz. Neste mundo vocês terão aflições; contudo, tenham ânimo! Eu venci o mundo.

João 16.33

1 de dezembro

Você está em uma jornada fabulosa, minha
querida. Por isso, não fique frustrada.
Essa intrusa, a frustração, fará com que você
pense em ter recompensas imediatas, vai puxá-la
para baixo, por uma colina escorregadia, para
evitar sua escalada ascendente pela estrada
da fé. Quando você encontrar dificuldades,
ou o sentimento desagradável de frustração
tomar conta de seus pensamentos, é hora de
pedir ajuda ao meu Espírito Santo. Ele vai
rejuvenescê-la e fortalecê-la.
Meu Espírito irá lhe mostrar que o desafio
do caminho mais áspero sobre a única estrada
de vida é escolhido por poucas pessoas. Porém,
ele é, de longe, o mais gratificante.

FILIPENSES 3.14

2 de dezembro

Existe algum problema muito grande para
o qual a minha Palavra não tenha resposta?
Existe uma situação com a qual não posso
lidar? Será que deixei algo de fora, enquanto
lançava as fundações da terra?
Esqueci alguma coisa quando levei seus
pecados, dívidas e enfermidades
ao entregar o meu corpo na cruz?
Minha filha, eu ouço suas queixas e seus
lamentos, mas você está esquecendo que eu sou
maior do que eles. Lance seus cuidados sobre
mim, eu lhe digo; não há por que reclamar
quando você pode orar e proclamar com
confiança que eu sou a força de sua vida.
Hoje, reúna todos os seus medos e as suas
dúvidas e deposite-os ao pé da cruz, e proclame
o poder vitorioso da minha Palavra sobre cada
situação que enfrenta.

1Pedro 5.7; Josué 23.14; Jó 15.11; Isaías 55.10-11,
58.11; 2Coríntios 1.20; Salmos 33.9; Provérbios 30.5

3 de dezembro

Ouvi dizer que você, frequentemente, diz que
não tem tempo suficiente para fazer tudo
o que acha que deve ser feito.
Você quer saber a verdade sobre este assunto?
Você teve medo de abnegação, de dizer não a si
mesma; você tem medo de não ser apreciada
ou de decepcionar alguém; você tem medo de
falhar, de não ser importante ou de fazer algo
malfeito. O problema não é a falta de tempo,
minha querida; é a falta de disciplina. Se você
não o quiser, não há horas suficientes no dia.
Estou aqui para lhe dar um impulso celeste e uma
chamada divina para ajudar a reconhecer sua
necessidade de disciplina e dedicação constante
para essa tarefa. *Nunca lhe darei mais do que
você pode fazer.* Não há o que temer. Eu lhe dei
a capacidade de fazer bem todas as coisas!

GÁLATAS 5.24; HEBREUS 12.11; TIAGO 1.6;
COLOSSENSES 3.23; ECLESIASTES 9.10; FILIPENSES 4.13

4 de dezembro

Você quer escalar uma montanha hoje,
mas pensou que posso estar lhe pedindo
que desça? Você já pensou que posso
estar esperando por você lá embaixo,
no vale da *humildade?* Sua força está
na humildade, não em suas conquistas.
Você não é o mestre; eu sou. O vale
de humildade é um lugar de glória
e de honra. É um lugar onde você vê quem
eu sou e quem você realmente é em mim.

PROVÉRBIOS 15.33, 18.12, 22.4; ÊXODO 3.14;
SALMOS 107.9, 139.23; TIAGO 4.10

5 de dezembro

Ore por minha força, para lhe ajudar
a superar suas inclinações e a agir
de acordo com seus *sentimentos*.
Meu servo Pedro dependia do fervor de seus
sentimentos, em vez de confiar unicamente
na minha força sobrenatural e coragem.
Por isso, ele afundou no mar daquela
tempestade, quando poderia ter andado
sobre ele sem nenhum problema.
Da mesma forma, você é mais forte do que
pensa. Chegue mais perto e extraia mais
do poder do meu Espírito para atender
às suas necessidades, ajudar os outros e
andar em águas tempestuosas.

MATEUS 14.28-30; SALMOS 27.1, 86.7;
ATOS 4.31; 1CORÍNTIOS 4.20; ZACARIAS 4.6;
ROMANOS 8.38, 9.17, 15.13; NAUM 2.1

6 de dezembro

Se você se sentir vazia e sentir que sua
energia se esvai, eu entendo.
Estou aqui.
Estou aqui para reavivá-la.
Meu Espírito está em você para levantá-la
e para restaurar sua alma. Tenho para você
uma vida ainda mais feliz e produtiva.
Quando você está cansada e sem força
para continuar, respire fundo, direcione
seus pensamentos a mim e permita que
eu expresse meu amor por você.
Quando você sente que não tem nada
para dar, me dê apenas esse nada –
e você verá o que posso fazer.

HEBREUS 12.12; SALMOS 23.3, 40.5, 139.7;
GÁLATAS 6.9; EFÉSIOS 1.11-14, 17; PROVÉRBIOS 16.3

7 de dezembro

Quando você está presa em seus próprios
planos, atarefada com projetos particulares
e envolvida em grandes assuntos, pode
perder a visão das coisas do meu Reino.

Não quero que você apenas realize um
bom trabalho ou encontre a satisfação nos
próprios objetivos. Quero você para celebrar
o processo. Quero que você seja energizada
por suas conversas comigo. Seus dons
criativos vão se abrir e florescer.

Analise como a sua energia é gasta. Observe
onde e quando você se encontra esgotada e
exausta. Pondere onde e quando você está
feliz e alegre – e veja onde você precisa
fazer algumas mudanças.

ISAÍAS 40.31; ROMANOS 6.11; JOSUÉ 1.7; AMÓS 5.4;
MARCOS 2.17; ATOS 3.19; DEUTERONÔMIO 28.3-6

8 de dezembro

Você amará o que conhece quando
ama a verdade.
Quando você age de acordo com o
que ama, *torna-se como a verdade
que ama.* Pense nisso.
Você foi criada para mais do que pode
carregar em sua mente natural. Você foi
criada para muito mais amor do que pode
alcançar. Se a sua única realidade é a que
está dentro dos impulsos da sua natureza
humana, sua identidade não pode subir
mais alto do que as suas limitações. Você
está presa! Hoje, perceba que a sua plena
identidade repousa em mim. Quero que
você insira sua identidade, montada e
emoldurada na verdade. Quero que você
viva plenamente em mim, hoje, como
sempre foi destinada a ser.

João 8.32; Deuteronômio 32.4; Isaías 16.5;
Salmos 73.26; Colossenses 2.9-10; Romanos 8.11

9 de dezembro

Hoje, tenha coragem para viver como eu
disse que você deveria viver.
Tenha coragem, hoje, de fazer uma
parceria comigo para sua bonita vida.
O seu verdadeiro ser é pleno em mim.
Permita-me converter o seu mundo limitado
em um fragmento de minha vasta e infinita
eternidade. Permita-me converter sua
vontade humana egoísta para a minha
glória. Sua luta contra a tentação a divide
contra si mesma, com lealdades conflitantes
e desejos. Estou chamando você para
introduzir a sua verdadeira identidade, que
formei bem antes, ainda no ventre de sua
mãe. Eu chamei você, dei-lhe um nome
e a amei desde o início de sua existência.

JOSUÉ 1.7-9; 1PEDRO 2.21; 1JOÃO 2.6;
HEBREUS 12.2-3; SALMOS 22.10, 139.13

10 de dezembro

Não fique chateada com aquela pedra
no seu sapato. Eu vou tirá-la de lá.
Enquanto isso, seja feliz, porque o poder
dentro de você é maior do que qualquer luta
ou aborrecimento que vive na superfície
que a rodeia. Um espinho não é uma espada.
Um aborrecimento, ou incômodo, não é uma
catástrofe. (Embora você possa
sentir como se fosse.) Vou fazer com que
a voz da minha autoridade seja ouvida.
A majestade de minha voz e a força do
meu braço serão conhecidas!
Minha voz vai esculpir chamas de fogo
na consciência de toda oposição à minha
vontade. Apenas se acalme e confie em mim.

2Coríntios 12.7; Efésios 6.12; Salmos 29.5-9,
46.10; Provérbios 30.5; João 8.9; 1Timóteo 4.2

11 de dezembro

Estou livrando você do que é
desnecessário e banal.
Estou derramando meus pensamentos
em você. Estou subindo sobre os
pináculos de suas melhores horas.
Ouça: minha voz abala o *seu* deserto.
Esse é um novo dia para você;
um tempo para crescer!
Seja feliz e expanda os marcos de suas
tendas. Já estou indo para fazer as
suas boas obras se multiplicarem.

SALMOS 3.3, 29.8, 139.17;
1CRÔNICAS 4.10; GÊNESIS 1.28

12 de dezembro

Receba tudo que você tem como um presente meu e honre tudo o que possui. Eu, particularmente, quero que você respeite os recursos que confio a você, mesmo que sejam menos do que deseja. Conquiste a sabedoria e a integridade financeira, e me permita fazer prosperar *meu* caminho.
Se você está determinada ao capricho e a um desejo de possuir algo, isso sobrecarregará o seu destino. Estou observando bem o que você faz com minhas dádivas.
A humildade multiplica a riqueza, mas a ignorância diminuirá as minhas bênçãos sobre sua vida.

Isaías 55.2; 2Crônicas 26.5;
1Timóteo 3.3, 6.10; Provérbios 10.22, 11.25;
Salmos 112.3; 1Coríntios 12.1

13 de dezembro

Quando parece que tudo está contra sua
vida, e então você acha que ninguém
a escuta; quando o mundo ao seu redor
desmorona na sua porta em montes
de insultos desagradáveis e confusão,
esse é o momento precioso de recorrer
a mim. Segure firme em mim e não se
deixe escapar por nenhum momento.
Segure-se! Aguente! Quando você se
sentir como se estivesse com suas forças
completamente esgotadas, já estarei
lá com você. Agarre-se a mim; eu vou
puxá-la para fora desse caos.

Isaías 41.13; Salmos 35.24-28, 40.2

14 de dezembro

Eu conheço a sua alma, e sei como restaurá-la.
Se você está cansada, desapontada ou
entediada, sei o que a animará. Quando
você precisar de uma sacudida sagrada
rápida de energia e fôlego criativo,
mergulhe em coisas que você ama.
Leve-me com você e ouça uma boa
música; leia um bom livro, saia para
uma caminhada, vá dançar. Engaja-se
totalmente no que é belo e inspirador
para a sua alma sedenta. Seja
restaurada com uma rápida sacudida
santa de amor e paz, que vai levá-la
para a alegria. Conheça uma nova
energia e inspiração. Eu estou com você!

Salmos 23.3, 51.12; Isaías 2.5; Eclesiastes 3.1-4;
2Coríntios 12.9-10; Colossenses 3.3

15 de dezembro

Hoje, aproveite as oportunidades que criei
para você. Quando fiz uma promessa
a você, minhas palavras não foram meros
e agradáveis sons; cada sílaba saiu da
minha boca santa com ordem para
alcançá-la e ensinar-lhe algo.
Você terá sucesso porque eu disse isso.
Minhas palavras sobre você são eternas!
Elas irão colocar em você a capacidade que
não pode ser falsificada. Você terá sucesso
em sua tarefa, como planejei.
Nunca a deixarei mergulhar de cabeça ou
entrar em colapso. Quando acredita e confia
em mim, você se torna um fio de ouro no
tecido da minha perfeita vontade. Não há
maior chamado do que este!

1Pedro 1.25; Jeremias 15.16; Ezequiel 12.25;
Salmos 119.89; Hebreus 10.36

16 de dezembro

Tudo o que vive se move. O menor micróbio palpita, pulsa, respira. O voo de um pássaro; a corrida do cervo; o inseto zumbindo entre as flores; a baleia nadando majestosamente nos oceanos – todo ser que respira louva o Senhor. As nuvens disputam a paisagem do céu, e o vento balança tudo como franjas inquietas em toda a terra. *Tudo o que vive se move*, mas o medo paralisa, transforma os ossos em algo inflexível e torna a respiração ofegante.

Minha alma não tem prazer em quem recua entorpecido e endurecido pelo medo, porque eu lhe dei o poder e a coragem de ser livre para se mover! Você abandonará os seus medos na caravana do meu amor, agora? Eu não posso orientar e motivá-la, se você não estiver se movendo.

Colossenses 3.10; Hebreus 10.38;
1João 4.18; 2Timóteo 1.7; Salmos 27.1-3;
Deuteronômio 3.16; Josué 1.9

17 de dezembro

Você está preocupada porque seu
trabalho duro pode não produzir os resultados
que deseja. Você está preocupada porque vai
perder um tempo precioso, e gostaria que
pudesse ver dentro dos portais do amanhã
para que tudo seja conforme você planejou.
A verdade é que tais pensamentos são
enganosos em sua cabeça e levam seus pés
a caminhar no terreno pantanoso da ilusão.
Acorde, eu digo! Nenhuma energia gasta
em meu Reino é desperdiçada.
Nenhum tempo se perde em um trabalho de amor.
Minhas recompensas são eternas.
Eu abençoo sua alma e enriqueço o seu coração.
Envolvo o seu espírito em um abraço de Pai.
Ouça-me: você terá sucesso conforme investir em
uma vida de fé, confiando que vou cumprir, por meio
de você, minha boa, agradável e perfeita vontade.

EFÉSIOS 5.16-17; PROVÉRBIOS 10.16, 12.25;
FILIPENSES 4.6-7; 2JOÃO 1.8; ECLESIASTES 10.10;
1JOÃO 3.18-20; LUCAS 12.32

18 de dezembro

Hoje, eu estou colocando um pouco mais da
minha inspiração em você. Mergulhe na
fonte de tudo o que é inspirador para a vida
e seja a minha mente e o meu coração onde
você estiver. Descubra a alegria na tristeza;
crie beleza, apesar das cinzas; conheça
a força, apesar de sentir-se fraca; faça
maravilhas a partir do nada.

Encontre a música na tempestade e veja
as cores de um arco-íris no cinza-escuro
que emerge da confusão.

Considere os tesouros simples da vida para
encher sua casa. Multiplique bênçãos e
prospere na aventura de amar. Tudo o que você
faz no amor irá criar mais amor. Descubra isso
e veja como realmente você é criativa!

Isaías 40.29, 61.3; Romanos 4.17; Jó 26.12;
2Coríntios 8.7; João 15.16

19 de dezembro

Hoje, caminhe em sua integridade.
Caminhe comigo.
O ferro afia o ferro e eu sou o amigo que
afia você. Eu a chamo a partir de seu
interior, onde plantei a minha força
para cada finalidade. Eu lhe dei um
coração para reconhecer, compreender
e se familiarizar com os meus
caminhos. Eu sou o seu *melhor* amigo.
O seu coração se encaixa completamente
dentro do meu. Sua alma está unida
à minha, fazendo da sua presença
um presente para o mundo e uma
alegria para mim.

PROVÉRBIOS 18.24, 19.1, 27.17; JEREMIAS 24.7;
SALMOS 119.63; JOÃO 15.12-14

20 de dezembro

Eu não envio uma doença a você como punição ou para chamar sua atenção. O que mais faço é *curar vidas*. Eu sou seu libertador. Eu ordeno minha cura e ela é realizada. Quero que você entenda que sei o que estou fazendo, e que não importa o que você vê ou ouve – seja uma guerreira poderosa de oração. Como minha filha, você tem autoridade para decretar e proclamar a minha Palavra, e quero que concentre seu coração e sua mente sobre o que eu lhe ensinei acerca da cura redentora. *Leve a sua autoridade* e proclame a minha vontade para a cura e para a libertação. Eu supro *todas* as suas necessidades.

Salmos 103.3, 107.20; 1Pedro 2.24;
Tiago 5.15; Jeremias 30.17

21 de dezembro

Eu sou seu futuro. Eu a estou ajudando
em sua luta. Estou limpando você
de dentro para fora. Estou removendo
os velhos hábitos e enchendo-lhe
de uma visão mais elevada. A voz suave
e enganosa do inimigo sugere um doce
veneno saboroso; mas, no fim, isso
é morte à sua alma. Estou aqui para tirar
as coisas feias de dentro de você, se você
me deixar fazer isso. Uma vida feliz
e plena espera por você – e um futuro
sem nenhum segredo.

GÁLATAS 5.1, 19-21; PROVÉRBIOS 18.9;
LUCAS 10.19; MARCOS 16.17; 1JOÃO 4.1-4

22 de dezembro

Eu estou em pé na porta do seu coração,
chamando em silêncio.
Ouça a minha voz e abra a porta.
Eu irei para dentro de você; vou abraçá-la
e dizer coisas maravilhosas que você
precisa ouvir hoje. Vamos compartilhar
o banquete da vida juntos, você e eu.
Nós vamos ser um.
Ouça-me.
Venha até mim.
Abra o seu coração à minha vontade.
Nosso tempo juntos é como o céu,
abençoado e santo.

APOCALIPSE 3.20; JOÃO 10.27; COLOSSENSES 2.1-3

23 de dezembro

Agora, nesta época de Natal, você tem uma
oportunidade de ser generosa, podendo ser
tentada a recuar, mas eu lhe digo que faça
uma pausa e ouça o seu coração. Se você recua,
um vácuo de perda é criado, bloqueando
minhas bênçãos e estagnando sua alegria.
Lembre-se de que eu disse que a alma generosa
será enriquecida e o que rega também será
regado. Sou um Deus que dá, generosamente
e de forma abundante; é meu Espírito que
habita em você, que a leva a dar.
Esbanje seus presentes de amor e bondade.
Dê-os sem reservas e com uma santa
generosidade. Viva a vida honrada,
não hesite em dar o seu amor.

PROVÉRBIOS 11.25; SALMOS 112.5, 9;
EFÉSIOS 4.32; 1JOÃO 4.7-8

24 de dezembro

Como você está se sentindo sabendo
que sou o Deus do Universo e tenho o seu
destino em minhas mãos?
Você tem uma enorme sensação de alívio
e alegria correndo em suas veias quando
contempla quão segura, protegida
e ancorada encontra-se em mim?
Será que o seu coração se enche com
a bondade aveludada da paz divina que flui
para cada célula do seu ser quando você
medita sobre a sua posição elevada no
coração e na mente do Todo-poderoso?
Você está inundada com amor genuíno
e gratidão santa sabendo que está tudo
bem? Você está satisfeita ao saber que
o seu destino está tendo um momento
maravilhoso em minhas mãos?

Hebreus 6.19; Efésios 6.24;
Provérbios 1.33, 2.33; Jó 11.18

25 de dezembro

Hoje, ouça-me com atenção.
Quero que ouça a minha voz. Você pode
descrever a minha voz como a corrida de
muitas águas sobre a sua alma, como o Rei
da glória que vem em sua direção?
Eu sou a voz dentro das nuvens de
tempestade que pintam o céu. Sou as
tempestades de trovão; sou a voz no
rastro sombrio do terremoto e sou o fogo
consumidor que você não pode nomear.
Hoje, como você comemora meu
nascimento, ouça a minha voz.
Minha voz é forte e abrange toda a extensão
da terra; quando quero, eu falo em voz baixa e
suave, imperceptível ao ouvido não atento àquilo
que é espiritual. Sou a voz no jardim tranquilo –
e sou a voz falando à sua mente agora.

Ezequiel 43.2; Salmos 18.13, 29.4, 8; Mateus 17.5;
Gênesis 3.8; Apocalipse 3.20; Provérbios 8.4

26 de dezembro

Antes de clamar por experiências,
clame por um coração puro. Antes de
buscar milagres, busque ter uma vida
cheia de fé, baseada no amor.
Antes de lutar para chamar a atenção,
tenha fé suficiente para ficar quieta.
Estou revelando mais de mim a você.
Um passo de cada vez.
Sua fé vai crescer a partir de um grão
de areia para ser, um dia, um campo
ajustado para a batalha.
A fé se multiplica e é ampliada com
o uso, ela deve estar sempre na linha
de frente de todas as suas lutas.
A fé é o verdadeiro ar que você respira.

MATEUS 5.8; 1CORÍNTIOS 13.4-6;
HEBREUS 11.1, 6; 2CORÍNTIOS 5.7;
1JOÃO 5.4; ROMANOS 1.17; SALMOS 18.39

27 de dezembro

Hoje, eu a estou introduzindo em minha
sala do trono, onde vai abrir seus olhos
espirituais e ver glórias inimagináveis.
Você se verá como eu a vejo, perfeita
e completa, refletindo a minha imagem.
Vou lavá-la com a minha Palavra
e purificá-la com a minha santidade.
À medida que você se prepara para
a sua semana, lembre-se de onde esteve
e de quem você é hoje. Você vive em
minha presença; você me leva aonde
quer que vá e em tudo o que faz.

MATEUS 8.3; APOCALIPSE 3.21; GÊNESIS 1.27;
1CORÍNTIOS 15.49; SALMOS 16.11, 140.13

28 de dezembro

Esteja disposta a viver de acordo com o meu tempo, e não com o seu, porque seus trabalhos serão definidos por minha vontade, que é boa, agradável e perfeita. Todas as coisas acontecem no momento oportuno, minha querida. Há um tempo para rir e um tempo para chorar. Há um tempo de tristeza e um tempo de ser feliz. Há um tempo para a abundância e um tempo para a carência. Todo o tempo está em minhas mãos. O tempo é projetado por mim para servi-la. Fixe sua agenda de acordo com a minha, e não com a sua e veja como seus planos, intenções, esquemas e sistemas serão colocados, cada um no tempo perfeito. A partir de hoje, corrija a sua programação de acordo com o relógio santo do meu tempo perfeito e fique em paz.

ECLESIASTES 3.1-8; SALMOS 62.8; FILIPENSES 4.7; ISAÍAS 26.12

29 de dezembro

Estou criando um novo coração em você. O doce êxtase de sua união comigo transforma sua vida e cria novas todas as coisas em você.

Estou elevando-a acima da névoa espessa da vaidade e libertando-a da busca fútil pela insistente e frustrante procura do melhor de você mesma.

EZEQUIEL 18.31; ATOS 20.32;
ROMANOS 8.16-17; EFÉSIOS 1.11-14

30 de dezembro

Chamei você para prosperar em
todas as áreas da vida.
Quero que você doe e invista nos
outros, porque isso é sabedoria.
Humildade e fé são as suas bandeiras
e seus guias. Bondade e misericórdia
são suas companhias. Alegria e
prosperidade são suas recompensas.
Estou chamando você, hoje, para dar
mais de si mesma aos outros. À medida
que o ano chega ao fim, considere-se
multiplicando seus dons e investindo
na vida como nunca fez antes. Vou
orientá-la e você vai subir nas alturas
da glória celeste.

2Crônicas 26.5; Salmos 23.6, 112.3;
Provérbios 10.22, 11.25; Mateus 25.14-29

31 de dezembro

A areia é o limite que coloquei para o mar e, embora as ondas agitem as águas a todo o momento, elas não podem prevalecer contra a força que existe nos minúsculos grãos ordenados para os meus propósitos. Quando seus planos e meus planos estão unidos em um único propósito divino, bem ordenados, nenhuma tempestade prevalecerá contra eles.

Eu conheço seus sonhos e estou familiarizado com os seus planos. Ouço a orquestração diária de seus pensamentos. Você não tem segredos para mim. Sei de todas as coisas, quero que você conheça os meus caminhos profundos e misteriosos.

Quero que você tenha noção da minha onisciência. Pare agora e permita que os segredos do seu coração caiam em minhas mãos compassivas, onde posso, gentilmente, mantê-los. Tenho planos maravilhosos para você – e agora, neste fim de ano, deixe-me mostrar-lhe uma nova visão.

Seja grata por este ano que termina e alegre-se com o novo que agora chega. Eu estou em todos os seus amanhãs. Eis que serei com você até o fim!

Jeremias 5.22, 29.11, 31.3; Romanos 15.13; Salmos 68.19, 147.11; Atos 1.8; João 14.12; Isaías 35.1

Este livro foi impresso em dezembro de 2018,
pela Geográfica para a Geográfica Editora.
Composto nas tipologias Estro e Fontesque.
O papel do miolo é Fit silk $70g/m^2$
e o da capa é Couchê $150g/m^2$.